DR. KODZ  AR

with

NICHOLINE JIM-FUGAR

NUSELINE'S
EWE-ENGLISH
DICTIONARY

A compendious Ewe-English Dictionary

NUSELINE'S
EWE-ENGLISH
DICTIONARY

A compendious Ewe-English Dictionary

ISBN-13: 978-1521040188

For further enquiries, contact us at

dict@ewedictionary.com.

Visit our website at www.ewedictionary.com

<u>DEDICATION</u>

This Book is dedicated to my Wife: Nicholine Jim-Fugar, Parents: Mr. & Mrs. A.Y Jim-Fugar, Siblings: Flt Lt A.K Jim-Fugar, Arch. Linda Jim-Fugar, Mrs. Fafa Nyame, Mrs. Believe Amenyedu.

ACKNOWLEDGEMENT

Special thanks to my wife Nicholine Jim-Fugar, without whose contribution this work would not have been a reality.

I'm grateful to Dr. rer. nat. John Kudolo for his contribution towards the realization of this work.

Furthermore, my sincere gratitude to all who have contributed to making this work a reality.

INTRODUCTION

Ewe is a Kwa language of the Volta-Niger group which belongs to the Niger-Congo family of languages that extend from the Atlantic Ocean to the Indian Ocean. It is widely spoken in Togo by about 70% of the population and is a lingua franca of the country.

Ewe is also widely spoken in Ghana as a first language by about 14% of the Population. Its use as a vehicular language is seen increasing mostly in the southern and eastern parts of the country.

In West Africa, there are also significant populations of Ewe speaking people in southern Benin, western Nigeria, Cote d'Ivoire, Liberia, and Burkina Faso, making the language an indigenous and internationally spoken language in western Africa.

Ewe is an examinable language not just in Ghana and Togo, but also taught at university level in Germany and the United States of America.

The Nuseline's Ewe-English Dictionary 1st (first) Edition, is a compendious work that gives learners and speakers of Ewe, a solid grasp of the language. In addition to the roughly 7000 entries in this novelty, users are given a good feel of the spoken and written language with the full depiction of accents for all enlisted words.

ALPHABET & PHONOLOGY

The Ewe Alphabet is composed of the following 30 letters and 5 digraphs with their corresponding phonology as depicted below:

A a	B b	D d	Ɖ ɖ	Dz dz	E e	Ɛ ɛ	F f	Ƒ ƒ	G g	Gb gb	Ɣ ɣ
[a]	[b]	[d]	[ɖ]	[dz]	[e]	[ɛ]	[f]	[ɸ]	[g]	[gb]	[ɣ]
H h	**I i**	**K k**	**Kp kp**	**L l**	**M m**	**N n**	**Ny ny**	**Ŋ ŋ**	**O o**	**Ɔ ɔ**	**P p**
[h]	[i]	[k]	[kp]	[l]	[m]	[n]	[ɲ]	[ŋ]	[o]	[ɔ]	[p]
R r	**S s**	**T t**	**Ts ts**	**U u**	**V v**	**Ʋ ʋ**	**W w**	**X x**	**Y y**	**Z z**	
[ɭ]	[s]	[t]	[ts]	[u]	[v]	[β]	[w]	[x]	[y]	[z]	

The tones of the Ewe language are marked by the following different signs: a rising tone marked by an acute accent (é), a falling tone marked by a grave accent (è), a falling-rising tone marked by a caron accent (ě), and a rising-falling accent marked by circumflex accent (ê). Also there is a combination of the nasal tone with the acute (ế) or falling accent (ề). Whereas there are cases where only the nasal tone (ẽ) is deployed.

ABBREVIATIONS

adj.	adjectiv
adv.	adverb
art.	article
conj.	conjuction
int.	interrogative
intj.	interjection
loc.	locution
n.	noun
part.	particle
poss.	possesive
pron.	pronoun
prep.	preposition
v.	verb

A

á/ǎ : pron.you

á: pron. He

à**?** : part.int. is it that?

à/á: art.1.the 2.his 3.her

àbà : n.mat

àbàdzìvɔ́ : n.bed sheet

àbálà : n.1.ringworm/n.sail

àbálàʋú : n.sailing ship

àbàlì : n.1.valley 2.sloping

àbàtí : n.bed

àbàtímègàɖàɖókúí : n.bed spring

àbàtímègàdzà : n.bed spring

àbé àlésì....èné : conj.1.as 2.as if 3.such

àbé......èné : conj.1.as 2.as if 2.about

àbì : n.1.cut 2.wound 3.injury

àbìbáblá : n.wound dressing

àbìkúkú : n. healed wound

àbìkpà : n.scar

àbìtèfé : n.scar

àbìtɔ́ : n. injured person 2. casualty

àbìtrévɔ́káké : n.plaster

àbìvɔ́/ àbìvɔ̌vú : n.bandage

àblá : n.1.speed 2.pace 3.rate 4.swiftness

àblàdzó : n.sweet plantain

àbláɖèɖè : n.1.speed 2.pace 3.rate 4.swiftness 5.quickness

Ablòtsí : n. overseas

àblɔ̀ɖè : n.liberty 2.independence 3. freedom

àblɔ̀ɖènáná : n.decolonization

àblɔmètí : n.palaver tree (fig. of speech. a place of discussing issues of common interest in a constructive and peaceful manner)

àbólò : n.bread	àbɔ́ŋɔ̀ŋlɔ̀ : n.gardening
àbólò tsòtsò : n.sliced bread	àbɔ̌tà : n.shoulder
àbólòfòfé/ àbólòmèfé : n.bakery	àbɔ̌tàfú : n.1.collarbone 2.clavicle
àbólòfòlá/ àbólòmèlá : n.baker	àbɔ̌tàsìsì : n.vaccination
àbólòvíví : n.cake	àbɔ̌tàsìtíkè : n.vaccine
àbòsám : n.demon 2.devil	àbɔ̀tsrì : cricket
àbòyó : n.1.deportation 2.raid 3.hostage 4.hijacking	àbù : n.1.slope 2.sloping
	àbù (lè-mè) : loc.adv.groping
àbòyóɖèɖè : n.deportation	àbùɖìɖì : n.1.sloping 2.descent
àbɔ̀ : n.1.garden/cricket	àbùì :n.needle
àbɔ̌ : n.arm	àbùì tǎnògùì : n.1.pin 2.scarf pin
àbɔ̀bɔ́ : n.snail	àbùìdódó : n.injection
àbɔ̀dɔ́wɔ̀lá : n.gardener	àdǎ : n.violence 2.thuggery
àbɔ̀dzòkpó núfíálá/ àbɔ̀dzòkpódàdá : n.nursery teacher	àdàyètí : n. May (month)
àbɔ̌ɖèkátɔ́ : n.one-handed person	àdàdò : n.latrine
àbɔ̌gà : n.bell	àdǎmà : n.dynamite
àbɔ̌glìgó : n.elbow	àdányà : n.1.slogan 2.catchword
àbɔ̌gbàfú : n.scapula	àdè : n.slime
àbɔ̌kúglúí : n.elbow (a measure of distance)	àdé : n.six
	àdèdànúwó : n.equipment

àdèɛ́mékpɔ́xè : n. November (month)

àdègbé : n.hunt 2.chase

àdègbédènúwó : n.equipment

àdèɣè : n.catfish

àdèhɛ́ kpùì : n.hunting knife

àdèlá : n.hunter

àdèlà̃ : n.game

àdéliá : nominal. Sixteenth

àdèmè : n. Ademe leaves

àdènyí : n.clay

àdètsàlá : n. ranger 2.prowler

àdidó : n.baobab

àdígbò : n. epilepsy

àdígbòtɔ́ : n.epileptic person

àdògló : n.lizard

àdòkpó : n.stove

àdɔ̀ : n.squirrel

àdrà : n.dam

àdré : nominal. seven

àdréliá : nominal. seventh

àdrikà : n.shank 2.back of the knee

àdròtsì : n.coconut milk

àdrù : n.seaweed

àdúàdú : adv.together 2.in a body

àdzà : n.1.cage 2.shaft/ n.fin 2.flipper

àdzàdzà : n.wasp

àdzàfí/ àdzàfúí : n.basket

àdzàlě : n.soap

àdzàmè : adj.clandestine 2.surreptitious 3.undercover

àdzàmè (lè) : v.to be secretive 2.to be clandestine

àdzàmènɔ̀lá : n.1.conspirator 2.plotter 3.schemer

àdzàmètsìtrètsítsí : n.conspiracy 2.plot

àdzè : n.witchcraft 2.sorcery

àdzèdògó/àdzèɖàɖà : n.1.cockchafer 2. May beetle

àdzèɖàlá : n. lair

àdzèlélé àmè : n.1.witchcraft 2.sorcery

àdzètɔ́ : n.wizard 2.witch

àdzèwɔ̀wɔ̀ : n.1.witchcraft 2.sorcery 3.magic

àdzéxè : n.owl

adzò : n.1.puzzle 2.riddle 3.quiz

àdzòdàlá : n.gangster 2.bandit 3.brigand

àdzòblású : n.gangster 2.bandit 3.brigand

àdzòdàdà : n.crime 2.banditry 3.brigandage

àdzɔ̀ : n.1.tip 2.premium 3.bonus

àdzɔ̌ : n.1.trade 2.commerce 3.enterprise

àdzɔ̀blè : n.soot

àdzɔ̌dódó : n.treaty 2.pact 3.commerce

àdzɔ̌dólá : n.trader

àdzɔé : n.horsefly

àdzɔ̀fìtóká : n.bronchitis

àdzɔ̌há : n.enterprise

àdzɔ̌nú : n.article

àdzɔ̌núdílá : n.1.provider 2.supplier 3.contractor

àdzɔ̌núfíálá : n.exhibitor

àdzɔ̌núwɔ̀lá : n.supplier 2.contractor 3.provider

àdzù : n.eyebrow

àdzùmèfú : n.eyebrow

àɖàbáfú : n.eyelash

àɖàbàfòfò : n.minute

àɖàbàfòfò (lè-mè) : v.in a blink of an eye

àɖàgbàtà : n.1.eyebrow/ n.1.box 2.trunk 3.coffin

àɖákàgò : n.1.box 2.case 3.carton

àɖákàví : n.1.briefcase 2.suitcase 3.piggy bank 4.drawer 5.box

àɖákà : n.wardrobe

àɖàŋù : n.art

àɖàŋùdèláwó : n.jury 2.panel

àɖàŋùɖóɖó : n.1.suggestion 2.tip-off 3.discussion

àɖàŋùnúkpàkpà : n.sculpture

àɖàŋùnúkpàlá : n.1.sculptor 2.carver

àɖàŋùnyálá : n.1.specialist 2.expert

àɖàŋùtíkpàlá : n.1.sculptor 2.carver

àd̄àŋùwɔ̀lá : n.technician	**àd̄àbátí** : n.pawpaw tree
àd̄àtsì : n.1.tear 2.teardrop	**àd̄ìfú** : n.foam
àd̄àʋà : n.1.madness 2.folly 3.delirium	**àd̄ìkà** : n.rivalry 2.competition
àd̄àʋàdɔ̀ : n.1.rage 2.fury 3.wrath	**àd̄ìkàdódó** : n.1.rivalry 2.competition
àd̄àʋàtɔ́ : n.1.madman 2.lunatic 3.maniac	**àd̄ìkú** : n.poisoning
àd̄è : n.1.language 2.tongue/n.idiom	**àd̄ìkpé** : n.pawn
ád̄é : art.1.some	**àd̄ìnú** : n.toxic product
ád̄éké (ò) : adj.no 2.pron. none 3.neither	**àd̄ìtɔ̀** : adj.1.poisonous 2.toxic
	àd̄ìvɔ́tɔ̀ : adj.1.venomous 2.poisonous
àd̄èŋànètɔ́ : n.1.glutton 2.gourmand	**àd̄ìví** : n.soap
àd̄èví : n.tongue	**àd̄ɔ̀** : n.neck 2.nape
ád̄éwó : art.a few 2.some	**àd̄ɔ̀kòè** : n.1.neck 2.nape
àd̄ì : n.1.pawn 2.venom	**àd̄ù** : n.manure 2.humus 3.fertilizer
àd̄í : n.vine fruit	**àd̄ǔ** : n.teeth
àd̄ì gá : n.trump card	**àd̄ǔd̄ɔ̀d̄àlá** : n.dentist
àd̄ì : n.1.poison 2.venom/ n.soap	**àd̄ùd̄ɔ́** : n.urine
àd̄ì (nyé) : v.1.to be poisonous 2.to be toxic	**àd̄ùd̄ɔ́tòè/ àd̄ùd̄ɔ́tùì** : n.bladder
àd̄ì sùè : n.soap	**ád̄ǔfátí** : n.toothpick
	ád̄ǔklíd̄ùd̄ù : n.grinding of teeth
àd̄ìbá : n.pawpaw	**ád̄ǔklɔ̀tíkè** : n.toothpaste

áɖǔklɔlà : n.gum

àɖùkpó : n.dumping ground n.refuse ground

àfá : n.oracle

àfǎ : n.half

àfiɪ : n.mouse

àfí : n.ash 2.cinder

àfí áɖé : adv.1.somewhere 2.some place

àfí áɖéké (ò) : adv.1.nowhere 2.no place

àfí bú ꞉ adv.elsewhere

àfiánú : n.1.van 2.trailer

àfiɪ : adv.1.right here 2.over here 3.here

àfiɪ kplé àfímɛ̀ : loc.adv. Here and there

àfíkà : adv.where 2.whereabouts 3.interrogative. (where?)

àfímá : adv.there

àfísì : adv.where 2.whereabouts

àfísìà : adv.there

àfísìà gódzí : adv.hereabouts

àfísìàfí : adv.1.anywhere 2.anyplace

àfìtí : n.mustard

àflágà : n.flag

àflágàtsɔ́lá : n.flag bearer

àflákú : n.yeast 2.baking powder

àfɔ̀ : n.1.foot 2.paw

àfɔ̀bídɛ́ : n.toe

àfɔ̀bɔ́lùfòlá : n.footballer

àfɔ̀bɔ́lùfòfò : n.football

àfɔ̀dzí : n.toilet

àfɔ̀dzídètíkè : n.purgative

àfɔ̀dzídò : n.latrine

àfɔ̀dzíxɔ̀ : n.toilet 2.washroom

àfɔ̀ɖèɖè : n.1.stride 2.trail

àfɔ̀ɖèkánɔ̀/ àfɔ̀ɖèkátɔ́ : n.one-legged person

àfɔ̀ɖèkédɔ̀ : adv.with hook

àfɔ̀ɖódzìnù : n.carpet 2.mat

àfɔ̀ɖófé : n.pedal 2.treadle

àfɔ̀fiɛ : n. April

àfɔfòmè : n.sole	àfɔtɔwó tófé : n.pavement
àfɔgà : n.bell	àfɔtɔgò : n.1.support 2.backing 3.endorsement
àfɔkɔé : n.ankle	
àfɔkú : n.accident	àfɔtɔgòfé : n.1.support 2.backing 3.endorsement
àfɔklì : n.hook	àfɔtsɔtsɔ : n.1.pace 2.rhythm 3.tempo
àfɔkúdzèlá : n.1.casualty 2.injured person	àfɔtsrɛ : n.1.trot 2.trotting
àfɔkpà : n.shoe 2.footwear	àfɔwùì : n.socks
àfɔkpàmì : n.shoe polish	àfɔzí : n.1.step 2.steps 3.pace
àfɔkpàtɔlá : n.n.shoemaker 2.cobbler	áfríkà : n. Africa
àfɔkpódzí : n.heel	àfù : n.1.mist 2.haze 3.twilight
àfɔkpó/ àfɔkpédzí/ àfɔkpódzí : n.heel	àfá : n.1.shout 2.cry 3.scream
àfɔmègbéá : n.straggler 2.laggard	àfádédé : n.1.cry 2.shout 3.scream
àfɔmɔ : n.1.path 2.trail 3.footpath	àfádódó : n.1.howling 2.squawk
àfɔmɔè : n.path 2.footpath 3.trail	àfé : n.1.house 2.home 3.country 3.village
àfɔnè : n.quadruped	àfé sùè : n.small house
àfɔtà : n.heel	àféflélùì : n.turtledove
àfɔtèfé : n.footprint	àfémè: n.1.home 2.house
àfɔtí : n.1.leg/ n.1.wheel 2.tire 3.trestle	àfénɔ : n.housewife
àfɔtɔ : n.pedestrian	Afénɔ : n.1.madam 2.mistress

Afénɔ̀wó : n.1.madams 2.mistresses	àgànɛ̀ : n. small scorpion
àfénú : n.traditional outfit	àgè : n.goal
Afétɔ́ : n.1. Lord 2.sir	àgèdónyàwó : n.score
àfétɔ́ : n.1.lord 2.sir 3.host	àglǎdzèlá : n.1.protester 2.rebel
àfétrɔ̀é : n.1.dizziness 2.spell 3.swagger	àgówà : n.guava
àféví : n.native of a town.	àgówàtí : n.guava tree
àfévɔ̀ : n.traditional outfit	àgɔ̀ : n.1.wrong 2.shortcoming
àfɪfí : n.1.mirror 2.glass 3.tile	àgɔ̀dzèdzè : n.1.wrong 2.shortcoming
àflà : n.reed	àgɔ̀mè : n.background 2.bottom 3.depth
àfùfúí : n.1.mirror 2.glass 3.tile	àgɔ̀mè (lè) : n.below
àgà : precipice	àgɔ̀s : n. August
àgázà : n.scorpion	àgɔ̀tí : n.a type of tree
àgàɖóɖó : n.skid 2.slip	àgùdzànyí : n.sea dog
àgǎdzà : n.scorpion	àgùdròlòè/ àgùdròlùì : n.sea dog
àgàlǎ : n.crab	àgùtɔ́ : n.bat
àgǎlàhɔ́ : n.scorpion	àgbǎ : n.plate 2.scaffolding 3.display
àgǎlàʋùí : n.scorpion	àgbǎ gòbò : n.bowl
àgàlɛ̀ : n. small scorpion	àgbǎ gòbòè : n.small bowl
àgàmà : n.chameleon	àgbádédé ʋǔ : n.boarding 2.shipping
àgàmèdó : n.lair 2.den	

àgbàdènùkpòé : n.terrace

àgbàdódó : n.loading 2.cargo 3.load

àgbàdódéàgbàdzí : n.overloading
2.overload

àgbàdó : n.shed

àgbàdrófé : n.kilometer 2.dislodging
place

àgbàdzè : n.1.leather 2.hide

àgbàdèdè lè.....mè : n.unloading
2.discharge

àgbàdùdù : n.bankruptcy

àgbàfófó : n.1.move 2.removal
3.relocation

àgbàfólá : n.1.mover 2.remover
3.removal man

àgbàgbǎ : n.1.effort 2.stress
3.endeavor/ n.1.balance 2.equilibrium

àgbàgbǎdzèdzè : n.1.resourcefulness
2.attempt 3.endeavor/n.1.devotion
2.loyalty

àgbàgbǎdzèlá : n.survivor

àgbàkà : n.1.range 2.row 3.line 4.tier

àgbàkómò/ àgbàkónú : n.1.crane 2.hoist
3.hooker

àgbàlè ̣: n.paper.

àgbàlè kàklá ̣: n.1.paper 2.wrapper

àgbàlè báblá : n.bookbinding

àgbàlè dàdà : n.1.map 2.chart 3.card

àgbàlèdówòlá : n.an intellectual

àgbàlèdzráfé : n.bookshop

àgbàlèdzrálá : n.someone who sells
books (bookseller)

àgbàlèdákà : n.bookcase/n.library
furniture

àgbàlèdódálá : n.1.sender 2.shipper
3.consignor

àgbàlègò : n.1.cardboard 2.carton

àgbàlègòlò : n.1.cardboard 2.carton

àgbàlèkáklá : n.notice

àgbàlèkòtòkú : n.envelop

àgbàlèmányálá : n.illiterate

àgbàlèŋlòlá : n.1.author 2.writer

àgbàlètáfé : n.printing place

àgbàlètálá : n.print worker

àgbàlètí : n.1.bookshelf 2.book rack

àgbàlềví : n.1.ticket 2.prospectus
3.notebook 4.pocket book

àgbàlềxlèlá : n.reader 2.lector

àgbàlềxɔ : n. library

àgbàná : n.credit

àgbànyàwó : n.transport

àgbàtédrólá : n.porter

àgbàtésràfò : n.mercenary

àgbàtsɔlá : n.1.carrier 2.transporter
3.conveyor

àgbàtsɔnú : n.luggage rack

àgbǎví : n.saucer

àgbàʋú : n.truck 2.lorry 3.van

àgbàʋúdɔwɔwɔ : n.transport 2.carriage
3.transportation

àgbàwó : n.baggage 2.luggage

àgbàxɔfé/ àgbàxɔyì/ àgbàxɔxɔ :
n.delivery

àgbè : n.life 2.existence

àgbè (ná) : intj.viva!

àgbèkà : n.Achilles tendon

àgbèlì : n.cassava

àgbènɔnɔ : n.manners 2.existence
3.attitude

àgbètɔè : adv.1.vigorously 2.forcibly
3.mightily

àgbètsílá : n.survivor

àgbèyà : n.oxygen

àgbìtsá : n.garden egg 2.aubergine

àgblè : n.farm 2.plantation

àgblèdèdè : n.agriculture

àgblèdèlá : n.farmer

àgblèdèmɔ : n.n.tractor

àgblèdènyígbá : n.field 2.farm ground

àgblèdɔ : n.farm work

àgblèló : n.margouillat

àgblènlɔlá : n.1.husbandman 2.plower

àgblènlɔnlɔ : n.plowing 2.ploughing

àgblètà : n.countryside 2.country

àgblètàtɔ : n.countryman

àgblèxɔ : n.hut 2.lodge 3.cabin

àgblɔdódó : n.relaxation 2.thaw

àgbò : n.ram

àgbó : n.portal 2.gate

àgbòdzèdzè : n.1.noise 2.din

àgbògbló : n.1.plank 2.board 3.shelf

àgbògbòdódó : n.1.affluence
2.swarming 3.swarm

àgbòkpòè : n.dwarf 2.pygmy

àgbòtà : n.migraine

àgbòtí : n.1.toilet 2.bathroom

àgbòsòsò : n.abundance

àgbòsòsò sùètó : n.n.infancy

àgbòsòsòdzídédé : n.intensification
2.increase 3.build-up

àgbùgbò : n.belly button

àhà/ àhàsésé : n. alcoholic beverage

àhàdólá : n.barman

àhàdzrálá : n.barman

àhàdàfé : n.brewery

àhàkùà : n.server 2.waiter

àhàmúàmè : n.intoxicating drink
2.alcoholic drinking

àhàmúmú : n.alcoholism

àhànòfé : n.bar

àhànòlá : n.drunkard

àhànòmúnò : n.alcoholic 2.intoxication
3.drunkenness

àhànònkó : n.nickname of a drunkard

àhàsésé : n.liqueur 2.alcohol

àhàtsìtsì : n.vinegar

àhàtsúnòlá : n.heavy drinker

àhàvíví : n.lemonade 2.non-alcoholic
drink

àhàùùnú : n.corkscrew

àhèdádá : n.1.misery 2.poverty

àhìàví : n.mistress

àhlìhá : n.1.centipede 2.millipede

àhò : n.widow 2.widower

àhòm : n.1.cyclone 2.tornado

àhòmtsì : n.1.hurricane 2.storm

àhòmyà : n.n.cyclone 2.tornado

àhòsì : n.1.widow 2.widower

àhòví : n.nephew

àhɔ̀hɔ̀/ àhɔ̀hlɔ̀ : n.1.brain 2.mind 3.cerebrum

àhɔ̀nɛ́ : n.1.pigeon 2.dove

àhɔ̀nɛ́kpó : n.pigeon house

àhǔ : n.1.fog 2.mist 3.dew

àhùhɔ̀é : n.1.mirror 2.ice 3.window 4.pane

àká : n.charcoal

àkàbà : n.tribal mark

àkáɖí : n.1.lamp 2.lantern 3.headlight

àkáɖí sésě : n.1.projector 2.searchlight 3.floodlight

àkáɖígoè : n.1.bulb 2.glow-lamp

àkáɖímèkà : n.wick

àkàfò : n.sling 2.slingshot

àkàgǎ : n.vulture

àkágò : n.coal bucket

àkákátí : n.torch

àkáló : n.whitewash

àkálóɖèɖè : n.decking 2.removal of plaster

àkálótsì : n.whitewash

àkáná : n.deposit

àkántà : n.counter 2.post 3.bar

àkátɔ́ : n.coal seller

àkàtsá : n.1.porridge 2.gruel 3.mush

àklǎ : n.liver

àklàmà : n.luck 2.chance 3.good fortune

àklàmà kpàkpɛ̀ : n.sculpture

àklàmàgbàlě : n.raffle ticket

àklàmàgbàlěɖàfé : n.1.raffle 2.lottery

àklámànú : n.lucky charm

àklàmàtɔ̀è : n.luckily

àkló : n.canoe

àklókùlá : n.a person who works in a canoe

ákò : n.parrot

ákòbɛ́ : n.1.clamp 2.tongs 3.pliers

àkògò : adj.1.unique 2.single 3.only

àkògòtsítsí : n.isolation

àkògòví : n.only child

àkòtó : n.cone 2.tankard

àkò : n.vote 2.poll

àkò xèlxlěmè : n.vote count

àkó : n.season 2.time

àkóblì : n.copper

àkòdàdà : n.1.ballot 2.election 3.vote

àkòdàlá : n.voter 2.electorate

àkódzèànyí : n.softening

àkòdidi : n.1.joke 2.pleasantry 3.fun

àkòdú : n.banana

àkòdúgblè : n.banana plantation

àkòdútí : n.banana tree

àkófú : n.rib steak

àkòlòè /àkòlòèdódó :n.slumber 2.sleep

àkòlòèdódó : n.sleeping

àkóntà : n.account

àkóntàbùbù : n.calculation 2.arithmetic

àkótà : n.1.chest 2.thorax 3.thoracic cavity

àkótádzèsì : n.medal

àkótàkpélá : n.wrestler 2.fighter

àkú : n.1.sheath 2.pencil case 3.case

àkúlàlà : n.1.whistle 2.whistling

àkùtsá : n.sponge

àkpà : n.fish/ n.1.saddle 2.scabies/n.pod 2.legume

àkpá : n.1.part 2.portion 3.detail 4.element/ n.1.camp 2.side

àkpá ènèliá : n.quarter

àkpà ètòliá : n.third party 3.third

àkpá fé dìdìmè : n.dimension 2.size 3.proportion

àkpá gátò : n.bigger portion

ákpá : adv.too much

àkpákpà : n.dove

àkpàlígbèfú : n.leg bone

àkpànò : n.mangy

àkpásésé : n.1.brutality 2.roughness

àkpátígbèfú gátò : n.tibia 2.shinbone

àkpé : n.n.thanks/ n.thousand

àkpé àkpé : n.million

àkpé ḍèkálìá : adj.thousandth	àlàfá ḍèká : n.hundred
àkpédádá : n.1.recognition 2.gratitude 3.acknowledgment	àlàfálìáwó : n.percentage 2.proportion 3.hundredth
àkpémàdálá : n.ungrateful person 2.ingrate	àlágbàkú : n.baobab fruit
	àlàkpà : n.lie 2.untruth 3.deceit
àkpémàdámàdá : n.ingratitude	àlàkpàdàdà : n.1.lie 2.falsehood 3.deceit
àkpètèsì : n.akpeteshi 2.brandy 3.calvados	4.untruth
	àlàkpàtɔ́ : n.lair
àkpéxɔ̀nú : n.rampart 2.bulwark	àlátí : n.raffia 2.bast
àkplé : n.banku 2.dough 3.paste	álé : adv.1.so 2.thus
àkpléḍàtí : n.spatula 2.spoonbill	álé bé : prep.in order that
àkplòlùì : n.hernia 2.rupture	àlé : n.sheep
àkplɔ̀ : n.lance 2.spear 3.hose	àléfúlùlù : n.shearing
àkpò : n.bag 2.sack	àlégbègbè : adv.much 2.a lot 3.plenty 4.so much
àkpɔ̀ : n.wrinkle 2.ripple 3.dimple	
àkpɔ̀kplɔ̀ : n.1.toad 2.frog	àlégélì : n.rat
	áléké? : adv.how
àkpɔ̀sɔ̀gbè : n.language(a type)Akposso	áléké ké wònyé hã̀ : conj.what 2.which
àkpɔ̀sɔ̀tɔ́ : n.Speakers of Akposso language	àlékplɔ̀lá : n.shepherd
àlá : n.raffia material	àlénɔ̀ : n.ewe (female sheep)
àlàfá : n.hundred	àlétá : n.leg

àlétsú : n.goat

àlévi : n.lamb

àléxɔ̀ : n.sheepfold

álfábètà : n.alphabet

àlì : n.waist 2.hip

àlìdzíblánú : n.belt 2.waistband 3.girdle
4.sash

àlílí : n. cloud

àlìmè : n.waist 2.hips

àlìwù : n.skirt

àlìwùtéwùì : n.underskirt

àló : conj.or 2.adv. Or else

àlòbálò : n.charade 2. riddle 3. story 4.
history 5. parable

àlɔ̀ : n.hand

àlɔ́ : n.cheek

àlɔ̀ : n.sleep 2.slumber

àlɔ̀dɔdɔ̀ : n.sleeping

àlɔ̀dɔ́lá : n.sleeper

àlɔ̀dɔ́tíkè : n.sleeping pill

àlɔ̀gàwó : n.handcuffs 2.cuffs

àlɔ́gò : n.cheek

àlɔ̀léfé : n.tail 2.queue 3.line

àlɔ̀màdɔ́ : n.insomnia 2.wakefulness

àlɔ́mèdédé : n.tooth picking

àlɔ̀nù : n.wristband 2.cuff

àlɔ̀mènɔ̀sítɔ́ : n.rich person

àlɔ̀nùgà : n.bracelet

àlɔ̀tínù : n.wristband 2.cuff 3.bracelet

àlɔ̀tínùfú gɔ̀mètɔ̀ : n.radius

àlɔ̀ví : n.finger 2.forefinger

àlùmínyɔ̀ : n.aluminum

àmà : n.greenery 2.legume

àmá : n.1.nudity 2.nakedness 3.nude
4.sex

àmádá : n.plantain

àmàdédé : n.color 2.suit

àmàdódó : n.dyeing 2.dye

àmàdónú : n.dyeing 2.dye

àmàɖèɖè : n.examination 2.bareness
3.dispossession

àmágùì/ àmágòè : n.bench

àmàgbé : n.lettuce 2.vegetable

àmàkpà : n.leaf

àmámá : n.nudity 2.nakedness 3.nude

àmàtsi : n.decoction

àmè : n.person 2.fellow

àmè àɖé : n.someone 2.somebody

àmè àɖéké (ò): n.no one 2.nobody

àmè àɖéwó : n.some people

àmè dáhè : n.poor person 2.poverty-
stricken person

àmè dzɔ̀àtsú : n.giant 2.colossus

àmè ɖífɔ́ : n.damned

àmè fiáfiá : n.burnt person

àmè fèflè : n.slave

àmè gblɔdɔ̀ : n.straggler 2.laggard

àmè kúkú : n.corpse 2.dead body

àmè kpótùi : n.thug 2.hooligan
3.hoodlum

àmè lélé : n.1.inmate 2.prisoner
3.detainee

àmè má : n.that one

àmè nɔ̀èwó gɔ̀mèsèsè : n.agreement

àmè sià : n.this one

àmè tsíàgblè : n.survivor

àmè tsìlé : n.shipwreck 2.wreck

àmé si : n.that person

àmé siwó : n.those people

àmèbàlá : n. A cheat

àmèbèblè : n.cheating

àmèblèlá : n. A cheat

àmèblíbò : n.body 2.corpse

àmèbùbù : n.obedience 2.submission

àmèdàdà : n.bump 2.jolt

àmèdèdé àsí : n.1.treason 2.betrayal

àmèdèfé : n.toilet 2.water closet

àmèdífɔ́ : n.damned

àmèdɔ́dɔ́ : n.1.delegate 2.envoy

àmèdɔ́dɔ́wó : n.delegation 2.deputation

àmèdzìdétɔ̀ : adj.advantageous
2.beneficial

àmèdzìdétɔ̀è : adv.advantageously

àmèdzídzèdzè : n.aggression 2.assault

àmèdzídzèlá : n.1.attacker 2.assailant

àmèdzɪdzɪ : n.natality

àmèdzítsàtsà : n.visit

àmèdzró : n.guest 2.visitor

àmèdzró kpédéŋútɔ́ : n.aid worker

àmèdzródzèfé : n.hotel

àmèdzródzèfé dzíkpɔ́lá : n.1.hotel
keeper 2.inn keeper

àmèdzrómàxɔ̀ : n.xenophobia

àmèdzrómàxɔ̀lá : n.xenophobic person

àmèdzróxɔ̀xɔ̀ : n.hospitality

àmèdzrówɔ̀wɔ̀ : n.hospitality

àmèdzróxɔ̀lá n.hospitable person

àmèdɪdɪ : n.burial 2.interment

àmèdɪfé : n.cemetery

àmèdókùíbɔ̀bɔ̀ : n.humility

àmèdókùítɔ̀trɔ́ : n.disguise

àmèdókùíwùwù : n.suicide

àmèdùdù : n.1.sting 2.bite 3.puncture

àmèfilá : n.abductor 2.kidnapper

àmèfùflù : n.comedy 2.dummy

àmèfèflè : n.slave trade

àmèfú : n.skeleton

àmègádèdi : n.old man 2.old

àmègáxì : n.wolf

àmègáxìví : n.cub

àmègɔ̀mènɔ̀lá : n.subordinate 2.junior

àmègɔ̀mèmè : n.subordinate 2.junior

àmègɔ̀mèdzɔ̀lá : n.traitor 2.villain 3.
Judas

àmègbètɔ́ : n.man 2.human being

àmèhá : n.crowd 2.procession 3.public
4.gathering

àmèhèhè dé ŋú : n.attraction 2.affinity

àmèhèlá : n.masseur

àmékà? : pron.who

àmèkládzòwò : n.traffic lights

àmèkòlá : n.n.mocker 2.scoffer
3.sneerer

àmèkɔʊ́ú : n.bus

àmèkúkú : n.corpse

àmèkúkúɖákà : n.coffin

àmèkútɔkú : n,drowned person

àmèkpɔkpɔ : n.auscultation

àmèkpɔkpɔɖá : n.visit

àmèkpùì : n.dwarf 2.midget

àmèlàɖùlá : n.cannibal

àmèlélé : n.arrest

àmèlélé ɖé (núvɔ̃) tà : n.charge
2.indictment

àmèlɔlá : n.kind person

àmèlɔlɔ̃: n.kindness 2.generosity

àmèmàbùmàbù : n.impoliteness
2.insolence 3.disrespect

àmèmò : n.mask

àmènùbèblè : n.flattery

àmènùblèlá : n.flatterer

àmènùnyàtótó : n.citation

àmènyényé : n.personality 2.character

àmènyrónú : n.subsistence 2.sustenance

àmèŋkútà : n.personality

àmèŋɔ̀ŋlɔ̃ : n.census 2.count

àmèŋúlìlì̃ : n.slander 2.gossip

àmèŋúkàkà : n.control 2.supervision
3.inspection

Amérìkà : n. America 2. United States of
America

àmérìkàtɔ́ : n. American

àmèsásrákpɔ́ : n.visit

àmési : pron.that person 2.this person

àmèsìámè : pron.everyone 2.each one

àmèsìtsàtsà : n.slavery 2.slave trade
3.bondage

àmèsɔ́srɔ̃ : n.mime 2.imitation

àmèsrɔ̃lá : n.imitator

àmètàfòtáfó : n.cheating

àmètàfúfú : n.cheating

àmètàfútɔ́ : n. A cheat

àmètàtrɔ̃lá : n.whistle blower

àmètàtrɔ́trɔ̃ : n.1.denunciation
2.termination 3.exposure

àmètétéɖéànyí : n.1.domination
2.dominion 3.control

àmètìálá : n.1.n.selector

àmètìátìá : n.1.selection 2.qualification

àmètíkpàkpè : n.statue

àmètsìtsì : n.1.adult 2.grown-up

àmètsɔ́tsrɔ́ : n.1.extermination
2.massacre

àmètsɔ́ʋú : n.1.car 2.bus

àmètsrilá (nyè) : v.to be scornful

àmèwó : n.1.people 2.population

àmèwɔ̀wɔ̀ : n.kindness 2.amiability

àmèwùlá : n.assassin

àmèwùnyà : n.murder 2.criminal case

àmèwùwù :n.1.murder 2.assassination

àmèwùwùwɔ̀nà : n.assassination
2.human sacrifice

àmèxèxlɛ̀ŋlɔ̀ : n.census 2.count

àmèxɔ̀fè : n.1.living room 2.lounge
3.sitting room

àmèxɔxɔ̀ : n.1.welcome 2.reception

àmèyibɔ̀ : n.a dark person

àmèyibɔ̀flèlá : n.1.slave trader 2.slaver
3.slave driver

àmèyómèmɔ́fìálá : n.traitor

àmèyɔ́yɔ́ : n.1.interpellation 2.call

àmi : n.oil 2.pomade 3.resin

àmi dzɛ̃ : n.palm oil

àmìdédé : n.1.lubrication 2.oiling
3.greasing

àmidzèfé : n.filing station 2.gas station

àmigò : n.tank 2.reservoir 3.cistern

àmìsrɛ̀fé : n.refinery

àmlátò : n.mulatto

àmlìnànúwɔ̀lá : n.conjuror

àmlìnànúwɔ̀wɔ̀ : n.conjuring

Amùgá : n. Volta river

ànà : n.bridge 2.deck

ànídzédzé : n.splendor 2.magnificence
3.radiance

ànùkwáré : n.n.openness 2.sincerity
3.honesty 3.candidness

ànùkwárédédé : adj.honest 2.decent
3.truthful 4.upright

ànùkwárémàḍílá : n.1.honest person
2.truthful person 3.upright person

ànùkwárémàḍímàḍí : n.dishonesty
2.disloyalty 3.infidelity 4.falseness

ànùkwárényényé : n.sincerity 2.honesty
3.genuineness

ànùkwárétɔ́ : n.honest person

ànùkwárétɔ́é : adv.honestly 2.openly
3.downright

ànyásà : n.intelligence 2.intellect

ànyí : n.bee 2.clay

ànyídzèdzè : n.defeat 2.overthrow
3.decay 4.deterioration

ànyídzèdzèdɔ̀ : n.epilepsy

ànyíḍóḍó : n.1.pose 2.laying 3.installing

ànyíéhè : n.south

ànyíéʊɔ̀: n.rainbow

ànyígbá : n.1.ground 2.territory 3.zone
4.continent 5.nation 6.country/ n.hive
2.beehive

ànyígbá ƒé nɔ̀nɔ̀mè : n.world 2.globe

ànyígbádzídzélá : n. Geometry

ànyígbágá : n.continent

ànyígbágùdù : n.plowing 2.tillage
3.ploughing

ànyígbákɔ́ : n.sod

ànyígbáŋútínúnyá : n.geography

ànyígbáté : n.subsoil

ànyígbátútúnú : n.floor cloth 2.rag

ànyígbáxɔ̀lá : n.conqueror

ànyígbé : n.downhill slope
2.downstream water

ànyíhó : n.swarm of bees

ànyíkpè : n.hive 2.beehive

ànyíkpé : n.brick

ànyíkpó : n.bank 2.shortage 3.absence

ànyímànɔ̀ : n.absence

ànyímè (lè) : adv.below 2.underneath

ànyínɔ̀ : n.foundation

ànyínɔ̀yi : n.1.stay 2.indwelling
3.homeliness

ànyínɔ̀nɔ̀ : n.1.presence 2.stay/
n.1solidity stability

ànyínɔ̀nɔ̀ kpòò : n.tranquility 2.calm
3.serenity 4.peacefulness

ànyínúmèƒé : n.ceramics 2.pottery

ànyíŋè : n.1.shout 2.cry 3.scream

ànyísɔ̀sɔ̀ : n.1.balance 2.equilibrium

ànyítò : n.1.hive 2.beehive 3.swarm

ànyítɔ́tɔ́ : n.1.failure 2.defeat 3.setback

ànyítsì : n.honey

ànyíxɔ̀ : n.mud house

ànyɔ̀nyɔ̀ : n. September

ànyrà : n.violence 2.force

àŋè : n.1.glue 2.rubber 3.elastic 4.plastic

àŋègò : n.1. drum 2.can

àŋgbàɖiɖi : adj.yellow

àŋètú : n.sling 2.slingshot

àŋkó : n.uniform

àŋɔ̀ : n.1.rubber 2.nylon 3.glue

àŋɔ̀kà : n.burr 2.blackberry

àŋɔ̀sisi : painting

àŋùgòè : n.n.quiver

áò : adv.no 2.not

àpéè : n.n.penalty

àpril : n. April

àrábià ː adj.1. Arab 2.Arabic 3. Arabian

àsádzí : n.living room 2.lounge

àsàɖá : n.camp

àsáŋú : n.n.floor 2.stage 3.flat 4.storey

àsáŋúgɔ̀mè : n.ground floor 2.first floor

àséyè : n.shout of joy 2.clamor

àséyètsòtsò : n.cry of joy.

àsi : n.1.price 2.estimate 3.value 4.tarrif 5.fare

àsí : n.hand

àsí lè àsí mè : adv.in collaboration

àsíbídɛ : n.finger 2.forefinger

àsíbídɛ dòmètɔ̀ : n.middle finger

ásíbídɛ kɔ̀túìtɔ̀ : n.little finger

àsíbídɛ énèliá : n.forefinger

àsibídɛƒú : n.phalanges

àsíbɔ́lù : n.handball

àsíbɔ́lùƒòlá : n.handball player

àsìdàdà ɖé...dzí : n.raising of prices

àsìdódó : n.judgment 2.trial

àsìɖèɖè : n.bargaining

àsíɖèɖè : v.to release

àsíɖèɖè lè lắnú ŋú : n.uncorking
2.disarmament

àsìɖóɖó : n.display 2.array 3.showcase

àsíɖófé : n.piano

àsíékè : n.nine

àsíékèliá : adj.ninth

àsìfiáfiá : n.exposure 2.exhibition

àsìfílá : n.exhibitor

àsíflò : n.handle 2.handful 3.grip

àsìfòmè : n.female

àsígè : n.ring

àsígbùgbòtró : n.reorganization

àsíhlò : n.handle 2.knob 3.grip

àsìkáká ɖé...dzí : n.labeling

àsíké : n.tail

ásíkpéfòfò : n.clapping 2.cheering
3.clap 4.cheer. 5.applaud

àsíléfé : n.handle

àsímàdàɖédzí : n.disapproval 2.reproof

àsìmè : n.market

àsìnú : n.commodity 2.merchandise

àsìnúdò : n.handiwork

àsínùdòwòlá : n.artisan

àsínùdòwòláwó : n.artisans 2.labour
3.workforce

àsínùmàdzòmàdzò : n.clumsiness
2.awkwardness

àsínùmàdzòmàdzòtó : n.clumsy person
2.awkward person

àsìsì : n.customer 2.ant

àsìtótró lè..ŋú : n.manipulation

àsìtsàlá : n.trader 2.merchant

àsìtsàtsà : n.trade commerce

àsìtsú : n.rival 2.opponent

àsìtsúvì : n,nephew

àsítsyótsyó : n.protection 2.guard
3.defense

àsítútúnú : n.1.hand towel 2.napkin

àsívi : little finger

àsívífú : n.phalanges

ásívítòé : n.little finger

àsiʋú : n.taxi

àsìyiʋú : n.taxi

àsíwùì : n.glove 2.mitt

àsixɔxɔ : n.value 2.worth

àsɔsɔ : n.sickle

àspìrín :n.aspirin

àsrá : n.ceiling 2.roof

àsrà̀ : n.purgative

àsràfò : n.soldier 2.military

àsràfò dèŋgɔ : n.officer in the military

àsràfòwó fé xɔ : n.barracks

àsràmàtú : n.firecracker 2.banger 3.cracker

àsù: n.idiocy

àtà : n.thigh

àtábú : n.oath 2.vow

àtádí : n.pepper

àtáfú : n.femur

àtákpùí : n.shorts

àtám : n.oath 2.vow

àtámá : n.tobacco 2.snuff

àtámá sésé̃ : n.drug 2.dope

àtámází : n.pipe

àtàtútúdɔ : n.poliomyelitis

àtáwùì : n.trousers 2.pants

àtí ˸ n.tree/ 2.stick 3.cane

àtí lègbè : n.long tree

àtídɔmè : n.tree-top

àtídzèdzè : n.sawing

àtídzèdzèdɔ :n.lumbering

àtídzèfé : n.saw-mill 2.lumber-mill

àtídzèlá : n.sawyer

àtídzí : n.toilet 2.bathroom

àtífló : n.chip

àtífɔflɔ : n.planing

àtíglínyì : n.elephant

àtíkè : n.medicine 2.medication

àtíkè sésé̃ : n.drug 2.dope 3.stuff

àtíkè wlùíwlùí : n.granulated medicine

àtíkèdéàgɔ̀mè : n.suppository

àtíkèddzráfé : n.1.pharmacy
2.drugstore 3.dispensary

àtíkèdzrálá : n.1.pharmacist 2.dispenser

àtíkèflègbàlẽ̀ : n.prescription

àtíkèkùí : n.pill 2.pellet

àtíkètsì : n.syrup

àtíkèwúwú : n.spraying

àtíkɔ́mèví : n.nephew

àtíkútsétsé : n.fruit

àtíkútsétsé ɖàɖà/ àtíkútsétsé bàblà :
n.jam 2.marmalade 3.jelly

àtíkútsétsétí : n.fruit tree

àtíkpàfì : n.plane

àtíkpàfé : n.carpenter

àtíkpò : n.log 2.trunk

àtílã̃mɔ̀ : n.chain saw

àtílɔ̀ : n.tree branch

àtílɔwó : n.tree branches

àtímèkà : n.liana

àtímì : n.resin

àtíɲùkàlé : n.pepper

àtítsògà : n.cross

àtítsòlá : n.woodcutter 2.woodsman
2.lumberman

àtítsòmɔ̀ : n.chain saw

àtívé : n.forest

àtíví : n.rod 2.cane

àtíyɔ́è : n.twig

àtòkòtá : n.sandals

àtɔ̀ : n.nest

àtɔ́tɔ́ : n.pineapple

àtɔ́tɔ́ɲùtí : n.orange

àtràkpùì : n.staircase 2.stairway 3.steps

àtúklùí : n.ball 2.marble 3.block

àtúklùí : n. Vine fruit

àtùkpá : n.bottle

àtùkpáɖàkágò : n.bottle rack

àtùkpágbàgbɛ̀ : n.bottle shard

àtùkpáví : n.bottle

àtùkpáʋùnú : n.corkscrew

àtsà̰ : n.charm 2.spell

àtsíáfú : n.n.ocean 2.sea

àtsìdɔ́dɔ́ : n.constipation

àtsɔ̀tsrì : n.crayfish

àtsú : n.male

àtsúsì : n.rival 2.co-wife

àtsúsìví : n.nephew

àtsyɔ̃ : n.luxury 2.wealth 3.style

àtsyɔ̃d̖ɔ́dɔ́ : n.garnishing 2.set 3.makeup 4.coquetry

àtsyɔ̃d̖ónú : n.garnish 2.filing

àvà : n.attic n.crop 2.craw

àvě : n.forest

àvědɔ́wɔ̀wɔ̀ : n.lumbering

àvědzíkpɔ́lá : n.forest ranger

àvěd̖ódí : n.nature reserve

àvéfòfò : n.deforestation

àvěgbàgbà : n.deforestation

àvěgbɔ̃é : n.doe 2.deer

àvěkɔ̀é : n.1.bush 2.small forest

àvěmèkà : n.creeping plant

àvětsɔ́tsrɔ́ : n.deforestation

àvì̃/ àvìfáfá : n.crying 2.cry

àvìnú (wɔ̀) : v.1.whimper 2.snivel 3.wail

àvìgò : n.cozy person

àvɔ̀ : n.cloth 2.fabric

àvɔ̀ sùè : n.doily

àvɔ̀dɔ́ : n.1.crop 2.craw

àvɔ̀gbàdɔ́ : n.tent

àvɔ̀lɔ̀lá : n.weaver

àvɔ̀lɔ̀lɔ̀ : n.weaving

àvɔ̀tétré : n.mending 2.repair 3.mend

àvɔ̀xɔ̀ : n.tent

àvù : n.combat 2.fight 3.conflict

àvǔ : n.dog

àvùlélé : n.isolation 2.separation 3.parting

àvǔxɔ̀ : n.kennel

àʊà : n.war

àʊà/ àʊà̰ : n.penis

àʋàdàdá : n.commanding officer

àʋàdzèhákpɔ̀lá : n.colonel

àʋàgà : n.bell 2.small bell

àʋàgbèɖèlá : n.commanding officer
2.commander 3.captain 4.major

àʋàɣlí : n.alarm

àʋàkò : n.hawk

àʋàkɔ́ : n.army

àvàkpɔ̀lá : n.general

àʋàlɔ̀gó : n.battalion

àʋàlà : n.1.wing 2.feather

àʋàlɔ́gòkpɔ̀lá : n.commanding officer
2.commander 3.captain 4.major

àʋàlɔ́gòsùèkpɔ̀lá : n.lieutenant

àʋàmèzɔ̀hɛ́ : n.companion of struggle

àʋànúxɔ̀xɔ̀ : n.disarmament 2.uncorking

àʋàŋùgɔ̀nɔ̀lá : n.captain of an army

àʋàtsó : n.lie 2.falsehood 3.deceit
4.untruth

àʋàtsóxɔ̀sè : n.superstition

àʋàtsòtsò : n.circumcision

àʋàtsótɔ̀ : n.lair

àʋàwɔ̀nú : n.weapons 2.arms

àʋàwɔ̀nú núdzrálá : n.arms dealer

àʋàwɔ̀núwó : n.war 2.conflict 3.battle

àʋàwɔ̀núwɔ̀lá : n.weapon manufacturer

àʋlàyɛ̀ : n.skirt

àʋlàyɛ̀téwùì : n.underskirt

àwó : pron.them 2.art.the

àwó fé : prep.from

àwɔ̀bá : n.1.guarantee 2.pledge
3.security

àwù : n.cloth 2.vestment 3.outfit

àwù ɖèká ŋkúmè : n.uniform

àwù ɖèɖì : n.T-shirt

àwù lègbè : n.dress 2.gown

àwù vúvú : n.rag

àwù ʋlàyà : n.robe 2.gown 3.cassock

àwù xóxó : n.second-hand clothes 2.old
clothes

àwùbɔ́ : n.arm of a cloth

àwùdódó : n.outfit 2.dress 3.attire

àwùdzíwùì : n.blouse

àwùkùtí : n.coat hanger

àwùmètú : n.1.pistol 2.gun 3.hand gun

àwùnùgbùí : n.button

àwùnùgbùídò : n.buttonhole

àwùtéwùì : n.underwear
2.undergarment

àwùtɔ́lá : n.tailor 2.seamstress

àwùwó : n.outfit 2.clothes

àxà/àxà dzí : n.side

àxà gódò : prep.towards 2.around
3.about

àxàdzínɔ̀nɔ̀ : n.neighbourhood 2.vicinity
3.locality

àxàfú : n.rib

àxàgbɔ̀ànyí : n.1.tilt 2.angle 3.incline

àxàtómè : n.armpit

àxàwó : n.sides

àxɔ́ : n.flea

àyá : n.comb 2.clip

àyàɖùɖù : n.pain 2.suffering 3.misery
4.anguish

àyè : n.1.test 2.trail 3.pretext 4.case
5.plea 6.means 7.medium

àyè núwɔ̀wɔ̀ : n.trick 2.craft 3.trickery
4.cunning

àyèdétí : n.date-palm

àyèdí : n.date fruit

àyèdzèdzè : n.trick 2.astuteness
3.cleverness 4.craftiness

àyèmènú : n.slyness 2.sneakiness

àyèmènúwɔ̀lá : n.hypocrite 2.double-
faced person

àyèmɔ́ : n.trick 2.astuteness 3.craftiness

àyètɔ́ : n.hypocrite 2.sly person

àyì : n.n.beans

àyì gbógbǒ : n.green bean 2.french
bean

àyìkú : n.kidney 2.nodule

àyìtsú : n.sparrowhawk

àzǎ : n.holiday 2.party 3.festival
4.celebration

àzǎɖùɖù : n.celebration

àzàgèdèʋùì : mumps

àzì : n.egg

àzĭ/ àzĭkú/àzìtɔ̀tɔ̀è : n.groundnuts

àzìàví : n.concubine 2.mistress

àzìɖɔ́ɖɔ́ : n.spawn 2.lay eggs

àzìzã̀ : n.dwarf 2.pygmy

àzɔ̀lì : n.march 2.walk

àzɔ̀lìdzíɖèɖè : n.slow-down 2.slow-down in speed

àzɔ̀lìɖèkpɔ̀tɔ̀ : n.slow-down 2.slow-down in speed

àzɔ̀lìɖíɖí : n.slow-down 2.slow-down in speed

B

bà : n.mud 2.pancreas

bà : n.stew

bǎ : n.whip 2.whisk

bà....nà : v.contaminate 2.infect 3.pollute

báà : n.bar

báàtɔ́ : n.barman

bàbà : n.condolence/ 2.mud/ n.termite

bàbàkɔ́ : n.termite

bàbàmè : n.swamp 2.marsh 3.bog

bàblá : n.bandage

báblá : n.1.bouquet 2.bunch

bàblà/ bàblɛ̀ : n.tuft 2.clump 3.bunch 4.cluster

bàɖà : adj.bad 2.evil 3.wicked

bǎfò : n.bath

báká : v.1.blend 2.mix 3.mix up

bàlàfɔ́ : n.balafon (a type of musical instrument)

bǎlì : n.barrel

bàlì sùè : n.small valley

bàlìmè : n.valley

bándì : n.firecracker 2.banger 3.squib

bànyígbá : n.swamp 2.marsh

bàtàkànyà : n.thorns

bàtálá : n.veil 2.sail 3.curtain

bè : v.to shelter 2.to harbor 3.to hide 4.to take refuge

bè : n.straw/ n.care 2.concern 3.custody

bé : v.to scrape/ v.to pretend 2.to allege 3.to say

bé : conj.so that 2.in order that 3.in order that

bé.......máhǎ : conj.1.if 2.whether

bébé : n.hiding

bèbèfèfé : n.hide and seek game

bèbèfé : n.shed 2.shelter 3.refuge 4.den

bèbèlíbé : n.hide and seek game

bèblè : n.cheating 2.delusion 3.fallacy

bébli/ béblìtɔ̀è : adv.hardly

bédì : n.mattress

bèfé : n.shed 2.shelter 3.refuge 4.den

bègá : n.vice

bèlègúdù : n.mask 2.disguise 3.bind

bèlélé : n.care 2.concern 3.carefulness

béná : conj.so that 2.in order that

bèsìhέ : n.sickle 2.reaping hook

bèwùhέ : n.sickle 2.reaping hook

bèxɔ̀è : n.straw hat

bɛ̌ : n.pincers 2.pliers 3.nippers

béntsì : n.bench

bí : v.to be intelligent 2.to be smart

bì : v.burn 2.scorch 3.burn off

bì dzò : v.to burn 2.to scorch 3.to blaze
4.burn up

bì dzí : v.to take offense 2.to be angry

bìá : v.1.to request 2.seek 3.to beg 4.to
solicit 5.to demand 6.to claim

bìá àdzɔ̀....sí : v.to tax

bìá hlɔ̃ : v.get revenge 2.take vengeance

bìá mɔ́ bé.....dó gò : v.ask for a
hearing 2.to ask for an audience

bìá nú : v.ask for alms

bìá núgɔ̀mè/ bìá nú gɔ̀mè : v.to ask
about 2.to inquire

bìá nyà : v.to question 2.interrogate
3.to examine

bìɑ̀ : v.to blush 2.to redden

bìàbìá : n.1.request 2.question
3.interrogation 4.demand

bìàbìásè : n.consultation 2.counsel

bìàvá : n.destiny 2.fate 3.lot

bibì : n.heat 2.flame

bìbí : n.1.roasting 2.baking/ n.1.skill
2.dexterity/n.heat/n.curvature

bíbí : adj.valiant 2.brave 3.gallant
4.courageous

bíblìà : n. Bible

bídòé/ bídùí : adj.1.sharp 2.pointed 3.peaked

bíki : n. bic pen

binyà : v.to watch

bisí : n.cola

bíyà : n.beer.

bíyàɖàfè : n.brewery

bíyànòfé : n.beer bar

bíyàtùkpá : n. Beer bottle

bíyè dzɛ̃́ : n.one hundred francs

blá : v.1.tie 2.fasten 3.bind 4.fix

blá : v.to bandage

blá : adv.early 2.soon

blá àbi : v.to dress a wound

blá àkpà ná : v.to saddle

blá àvɔ̀ ɖé tà : v.wear a turban

blá ɖé....mè : v.to wrap up

blá nù : v.to gag 2.muzzle

bláàdé : a.num. sixty

bláádrè : num. sixty-six

bláàsíèké : num. ninety

bláàtɔ̃́ : num. fifty

bláèné : num. forty

bláènyí : num.eighty

bláètɔ̀ : num. thirty

bláèvè : num. twenty

blǎnùílélé : n.sadness 2.gloom 3.unhappiness 4.misery

blǎyè : n.pencil 2.crayon

blè : v.to deceive

blè àmè : v.to deceive 2.to cheat 3.to lie

blè nù : v.to flatter 2.to soothe

blèkpɔ̀è : n.leopard

blèmà : adj.1.ancient 2.vintage 3.antique 4.age-old

blèmànú : n.an antique

blèmànúwó dzràɖófé : n.museum 2.treasury house

blèwùblèwù : adv.slowly 2.quietly 3.peacefully

blèwùù : adv.slowly 2.softly

blèwùwɔ̀wɔ̀ : n.slowness 2.tardiness

blèzìblèzì : n.mirage

blǐ : n.maize 2.corn

blíbò : adj.whole 2.full 3.total
4.undivided

blíbòdèdè : n.perfection

blíbònyényé : n.solidity 2.firmness

blibɔ̀ : v.wade 2.flounder 3.splash about

blǐd̪èd̪è : n.corn harvest

blǐkàtsá : n.corn porridge

blóŋ : n.sausage

blɔ̀ : adj.blue

blɔ́sù : n.brush

blù : v.to trouble 2.to disturb 3.to
disrupt/ v.to scold

blù ŋkú mè ná : to blind

blùdzín : n.blue jeans

Blǔnyà : n. christmas

Blǔnyàd̪ùgbè : n. christmas

bǒ : n.grigri

bòkɔ́ : n.soothsayer

bòlí : n.ball 2.marble 3.block

bòŋ : adv.rather 2.instead

bóŋgò : n. Bongo

bòsò : n.whale

bòsòmì : n.candle

bòsòmìkàd̪í : n.candle

bɔ̀ : v.reassemble 2.reunite 3.gather/
v.to bend

bɔ̀ hǎ : v.to associate 2.to group

bɔ́ : v.congregate 2.teem

bɔ́ lè àgbɔ̀sɔ̀sɔ̀ mè : v.to crowd 2.to
flock

bɔ̀bɔ̀ : v.to crouch

bɔ̀bɔ̀ : n.1.meeting 2.reunion
3.gathering 4.assembly

bɔ̀bɔ̀ : adj.1.soft 2.simple

bɔ̀bɔ̀ (ná) : v.to submit 2.to comply

bɔ̀bɔ̀ (àsì) : v.to lower the price 2.to be
cheap

bɔ̀bɔ̀ d̪é ànyí : v.to bow down

bɔ̀bɔ̀.....d̪ókùǐ : v.to be modest

bɔ̀bɔ̀.....d̪ókùǐ d̪é ànyí (ná) : v.to
submit 2.to comply

bɔbɔ....mè : v.to loosen 2.unbend

bɔbɔɖéànyí : n.1.humiliation 2.disgrace
3.dishonor

bɔbɔè : adj.1.soft 2.simple

bɔbɔè : adv.1.simply 2.easily

bɔbɔènyényé : n.softness 2.gentleness
3.smoothness

bɔbɔètɔ : adj.1.elementary 2.basic
3.simple

bɔbɔètɔ : n.humble person

bɔhɔbɔhɔ : adj.flexible 2.pliable

bɔkítɔ : n.bucket

bɔkɔ : adj.1.calm 2.quiet 3.peaceful

bɔkɔɔ : adv.1.calmly 2.quietly 3.slowly

bɔlú : n.1.prawn 2.shrimp 3.crayfish

bɔlù : n.ball

bɔlùfòfé : n.football field 2.football
ground

bɔlùfòfégã : n.stadium 2.sports ground

bɔlùfòfò : n.football

bɔlùfòwù : n.football jersey

bɔlùgã : n.ball 2.balloon

bɔlùlélá : n.goal keeper

bɔlùví : n.shrimp 2.prawn

bɔmbà : n.bomb

bɔ̌tà : n.butter

bɔtsrí : n.dragonfly

bráɖá/bráɖágbé : n. Tuesday

bréki : n.brake

brékilélé : n.braking

Brémèntɔ : n.protestant

brèvé : n.brief

brikɛ : n.brick

bù : v.think 2.reflect 3.calculate/
v.1.respect 2.obey

bù lè....ŋú : v.to think 2.reflect
3.contemplate

bù (mé.....ò) : v.to disobey

bù àkɔntà : v.to calculate 2.to count

bù àmè : v.to be obedient 2.to be
humble

bú fɔ.....ɖókúí : v.to reproach

bù (......) nɔnɔmè : v.estimate 2.assess

bù tàmè : v.to think 2.to reflect

bù.....ɖókùi : v.to respect oneself

bǔ : adj.another 2.different 3.alternative

bú : v.to vanish 2.disappear 3.to lose/
v.to be mistaken

bú fɔ́ : v.1.to accuse 2.blame 3.charge
4.denounce

bú fɔ́....ɖókùi : v.to reproach

bú mɔ́ : v.to lose your way

bú mɔ́kpɔ́kpɔ́ : v.to despair

bùàmè : adj.respectful 2.reverent

bùblù : n.rumbling

bùbù : n.1.honor 2.respect
3.politeness/n.estimation

bùbù nú vévì : n.importance

bùbú : n.disappearance 2.extinction

búbǔ : adj.1.another 2.different

bùbú : n.1.loss 2.waste

bùbùdzèsì : n.decoration 2.medal
3.ornamentation

bùbùkókló : n.disgrace 2.dishonor

bùbùtèfé : n.respect

bùbǔwó (kplé) : prep.and others

búi bé : v.to imagine that

búldòzě : n.bulldozer

búnɔ̀ : n.lame person 2.handicap

bùsú : n.phenomenon 2.blasphemy

bùtrù : n.butter

bútú : v.1.stammer 2.babble

D

dà : v.to throw 2.launch 3.to give/ v.to rent/v.to weigh/ v.to be silly/v.to treat 2.to look after

dà : n.serpent 2./ n.big sister/ n.bow

dà àdè : v.to chase 2.to hunt 3.to expel

dà àdzò : v.to burgle

dà àfɔkpò : v.to give a kick

dà àkɔ : v.to vote 2.draw lots 3.cast lots

dà àlàkpà : v.to lie

dà àlimè : v.to wiggle

dà àsí : v.to fumble 2.to grope

dà àsí ɖé......dzí : v.to approve 2.to endorse 3.to agree

dà àtá : v.climb over

dà bɔmbà : v.to bomb

dà dɔ : v.to heal to treat

dà dzò : v.to shine

dà dzò nɔ̀èwó : v.to collide

dà ɖé...dzí : v.to increase 2.exaggerate

dà ɖé nù : v.to prolong 2.to extend 3.to lengthen

dà (........)ɖí : v.to put 2.to position 3.to place

dà ɖɔ : v.to fish

dà fè : v.to fish

dà kɔ : v.to box 2.to give a punch

dà lótò : v.to gamble 2.to play lotto

dà mègbé : v.to guarantee 2.to secure 3.vouch for

dà mègbéfɔwó : v.to rush 2.to kick out

dà nù : v.to babble 2.splutter

dà tú : v.to shoot

dà vè : v.to waddle 2.to wobble

dà vò : v.to commit an offense

dà vò ɖé.....ŋú : v.to offend

dà....dé....dzí : v.to increase 2.to raise

dà.....fú : v.to miss 2.to fail

dà....kpó : v.to weigh

dá àhe : v.to be impoverished 2.to be in poverty

dá àkpé : v.to thank

dàdà : v.to toggle 2.to topple 3.to tumble 4.overbalance

dàdá : n.mother

dàdàdédzí : n.1.increase 2.growth 3.rise 4.expansion 4.raise

dàdàdénù : n.prolongation 2.extension 3.protraction

dàdàdí : n.placement 2.positioning

dàdágá : n.aunt

Dàdáví : n.maiden

Dàdávíwó : n.maidens

dàdì : n.cat

dàdìnò : n.female cat

dàdìví : n.kitten

dàdónú : n.seasoning 2.spice

dàdzò : adj.sparkling 2.glittering 3.gleaming 4.shining

dàdédzí : n.extension

dàdénù : n.extension

dàdì/ dàdìà : n.maternal aunt

dàdì/ dàdìà fé ví : n.cousin (child of the maternal aunt)

dàdéyóví : n.niece (relating to the mother side)

dàdófé : n.deposit 2.depot 3.depository

dàgá : n.maternal aunt(older than your mother)

dàgá dàdìvíwó : n.cousins

dàgá fé ví : n.cousin (children of your maternal aunt)

dàgávídàdèví/ dàgávídàdíví : n.nieces (daughters of your maternal aunt)

dàgáyóví : n.nieces (daughters of your maternal aunt)

dàgbí/ dàgbùí : n.python

dáhè : adj.poor 2.pauper 3.destitute

dàkpùì : n.python 2.viper

dàlídódó : n.whisper 2.whispering

dằmà : n.dynamite

dàmàɖùàfɔ̀kɔ̀é : n.boot

dàmɛ̀ : n.May

dàmlɔ́gbèdzí : adj.purple 2.violet

Dányì : n. Days

dàsiámìmè : n. August

dàtɔ́ : n.archer

dàví : n.aunt

dè : n.country 2.borders 3/ n.palm

dè àgblè : v.to farm 2.to cultivate

dè dɔ̀mè : v.to have diarrhea

dè dù : v.be renamed

dè fidègbé : v.poach

dè gɔ̌ : v.be extreme

dè mègbé : v.to retreat 2.move back 3.recede

dè nyùí : n.merit 2.worth 3.value

dè ŋgɔ̀ : v.to improve

dè sɔ̀lèmè : v.to go to church

dè tó : v.to be extreme

ɖè tólí : v.to make noise

dè.....dzí (mé......ò) : v.to be in disadvantage

dè.....ɖókùí : v.to clear

dè....gé : v. fail to keep promise

dè....gbɔ́ : v.to visit 2.to got to

dè.....tsó...mè : v.to subtract 2.to remove

dé àbì.......ŋú : v.1.to hurt 2.to injure

dé àdǎ : v.to excite 2.to arouse 3.to rouse

dé àdzàlɛ̀ : v.to put soap on

dé àɖì : v.to put soap on

dé àɖì nǔ mè : v.to poison

dé àfɔ̀kú mè : v.to put in danger 2.to jeopardize 3.to risk

dé gà...mè : v.to lock 2.to bolt

dé àgbà : v.to load 2.to burden 3.to charge

dé àgbà àsí : v.to deliver 2.to hand over

dé àmà : v.to color 2.to dye

dé àmì : v.be fat 2.fatten up

dé àŋɔ̀ : v.to tar

dé àsí....mè : v.to start 2.to begin 3.to commence

dé àsí....ŋú : v.groping 2.fumble 3.scrabble forward

dé àsìxɔ̀xɔ̀....ŋú : v.to develop 2.to valorize

dé àtí mè : v.to stitch

dé àtíkè àgɔ̀mè : v.to put a suppository

dé àtíŋùkàlé....mè : v.to put pepper in something

dé bùbù......ŋú : v.to respect

dé dàdónú : v.to spice

dé dzè : v.to add salt

dé dzési : v.to mention 2.to indicate 3.to notice 4.to identify

dé dzèsi ná : v.to mark 2.to tag

dé dzi fò : v.to encourage

dé dzi fò ná : v.to encourage

dé dzɔ : v.to animate 2.to conduct

dé dzɔ lằmè ná àmèɖókùì : v.to heat oneself up

dé dzò....mè : v.to activate

dé fè : v.to pinch 2.to scratch

dè fidègbé : v.to poach

dé gà : v.1.to condemn 2.imprison/ v.1.to have a cramp 2.be numb / v.to lock

dé hǎ : v.to align with

dé kà : v.to tie to 2.to put in a rope

dé kà....mè : v.to lace up

dé kà vè : v.to hang oneself

dé ké : v.to cover in sand

dé mɔ.....dòmè : v.to space out 2.to inter space

dé nù nyà mè : v.to intervene 2.to interfere 3.to step in

dé nù.......ŋú : v.to approach 2.tackle 3.touch on

dé nú mè : v.to sculpt 2.to carve

dé núɖùɖù sé : v.to be on diet

dé núʋéʋí : v.to spice

dé núwó xɔ̀mè : v.to put things in a room

dé ŋúsé yéyě....mè : v.to reinforce 2.to strengthen

dé sé : v.1.to give orders 2.enact a law 3.to institute a law

dé sé (bé) : v.to be forbidden

dé simá : v.to cement

dé súklì : v.to put sugar in 2.to sweeten

dé tà àgù : v.to bow down 2.prostrate oneself 3.to kowtow

dé tsì : v.to irrigate 2.to water

dé tsì tà (ná) : v.to baptize

dé vòvòtótó....dòmè : v.to differentiate 2.to distinguish

dé ʋèʋé : v.to embalm

dé wɔ́ : v.to sprinkle flour 2.put flour into

dé xá ná : v.to watch

dé yà....mè : v.to inflate 2.pump up 3.to bloat

dé yàfámɔ̀ : v.to air-condition

dé zì...dòmè : v.to panic

dé.....àsí : v.to betray

dé....àsí ná : v.to convey 2.pass on 3.transfer 4.entrust

dé......dzí : v.to support 2.promote

dé....dzí (mé.....ò) : v.to be disadvantaged

dé.....ɖókùì.....mè : v.to mingle with 2.to join

dé.....émè : v.to grant a stay 2.reprieve 3.respite

dé.....nù mè : v.to taste

dé....sí : v.to bequeath 2.to will 3.to assign 4.to allocate

déàmàdzìtɔ̀ : adj.advantageous 2.beneficial

dèdè : n.attendance/ n.stretching

dèdéàsí : n.attribution 2.assignment 3.allotment

dèdétsì : n.palm-nut soup

dèdìèfé : n.safety 2.security

dèdìènɔ̀nɔ̀ : n.security 2.safety

dèdɔyɔ̀lá : n.doctor 2.traditional healer

dèdù : adj.famous 2.popular 3.renowned

dèdùŋkèkènyùí : n.national holiday

dédzí : n.free extra* 2.adding

dèdzídɔwɔlá : n.customs officer

dègré : n.degree

dègbàgbà : n.1.smuggling 2.contraband 3.fraud

dègběwɔlá : n.doctor 2.traditional healer

dègblè : n.palm plantation

dègblèfètsú : n.thumb

dèɣì : n.small fish

dèhà : n.palm wine

dèkú : n.palm nut

dènù : n.border 2.borderland

dènùsràfò : n.customs officer

dènyígbá : n.1.country 2.homeland 3.fatherland 4.motherland 5.native land

dènyígbálɔlá : n.patriot

dèŋgɔ : adj.1.competent 2.qualified 3.proficient

dètà : n.palm nut diet

dètí : n.palm tree

dètɔ : n.compatriot 2.countryman 3.countrywoman

děstì : n.soup 2.sauce

děstìfòfò : n.soup preparation

děstìgbá : n.soup bowl

dèvé : n.palm grove

dèví : n.fellow

dèvɔ : n.traditional costume 2.traditional dress

dí : v.1.to look for 2.to search 3.to desire 4.to wish 5.to want

dí bé : v.have a tendency to

dí.....d̩é àsí : v.to obtain 2.to get 3.to procure

dí fɔ : v.to damn

dí gè : v.to tease 2.to bother

dí mɔ : v.to go through

dí mɔ ná : v.to track 2.to detect 3.to screen 4.to track down

dí núd̩ùd̩ù dà d̩í : v.to get supplies

dí núwó dà d̩í : v.to hoard provisions

dí nyà : v.to provoke 2.to induce 3.to give rise to

dí tàḍòfé : v.to orient 2.to move

diámòn : n.diamond

didi : v.to be far 2.to be away /adj.tender 2.gentle

didi : n.eternity 2.lifetime

didi : adj.long 2.lengthy 3.elongated

didi ḍé nù : v.to prolong 2.extend 3.to lengthen

didi.....ḍé....nù : v.to extend 2.to make longer

didí : n.1.research 2.screening/n.wish 2.will 3.testament/n.convenience

dididénù : n.1.extension 2.elongation

didié : adv.for a long time

didifé : n.distant/adj.faraway 2.far-off

didifénúkpókpó : n.television

didifénúkpómó : n.television

didimè : n.1.distance 2.range

dígò : n.horsefly

dò : v.appear 2.arise 3.uncork/v.to eject 2.expel

dò (nyùí) : v.to come out well

dò : n.1.hole 2.crack 3.trench/n.den 2.lair 3.burrow

dò àtímè : v.be a fellow

dó dòmèdzòè/ dódòmèdzùí : v.to be angry

dò gǒ : v.1.to go out 2.gush forth 3.squirt

dò lè flì mè : v.to be out of line 2.disconnect

dó : v.to plant 2.cultivate/ v.be thick 2.be dense/v.to inject/v.1.practice/v.to lend/v.to fall

dó (àfù) : v.to get spoilt

dó (zǎ) : v.make the night

dó àbù : v.to grope

dó àbùì ná : v.to vaccinate 2.to inject

dó àdà ná/ dó àdà mò ná : v.to excite 2.to arouse

dó àḍikà : v.to compete 2.horn in

dó àfí : be gray

dó àfɔkpà : v.to wear shoe

dó àfɔtsrɛ́ : v.to trot

dó àfù : v.to go bad 2.to spoil

dó àfá : v.to scream

dó àgbà ákpá : v.to overload
2.overburden 3.overcharge

dó àgblɔ̀ : v.to relax 2.unwind

dó àgbògbò : v.to mill about v.swarm

dó àgbògbò....ɖé....dzí : v.to have in
excess

dó àkálɓ́ : v.to plaster

dó àkálɓ́tsì : v.to brush with paint

dó àsì ɖé...ŋú : v.to assess 2.evaluate
3.to rate

dó àsì ná : v.to estimate 2.to value

dó àtàmá : v.take a snuff

dó àtíkè : v.to dye

dó àtsú : v.to mate 2.to couple

dó àvǔ : v.be complicated

dó àwù : v.to dress up

dó àwù nyàmànyàmà : v.to dress scruffy
2.to dress shabbily

dó àwùnùgbùí : v.to button up

dó bǎ ná : v.to whip 2.flog 3.lash

dó dàlì̀ : v.to whisper 2.hiss

dó dòtɔ́é : v.outrage 2.break down
3.wreck

dó dzì : v.to have courage 2.to dare

dó dzì ɖé....ŋú : v.to count on 2.have
confidence in

dó dzìdzɔ̀ : v.to cheer 2.to enthuse 3.to
excite

dó dzìdzɔ̀ ná : v. 1.to interest 2.to excite
3.to delight

dó dzìkú : v.to be angry 2.to annoy 3.to
infuriate

dó dzìkú ɖé.....tà/ dó dzìkú ná :
v.to irritate 2.make indignant 3.to be
annoyed

dó dzróàmè :v.j.1.appetizing 2.enticing
3.mouth-watering 4.seductive 5.savory
6.luscious

dó dzùdzɔ̀ : v.to smoke out

dó ɖù kplé kpé ɖé...mè :v.to arm a
gun

dó fù ná : v.to maltreat 2.to torture

dó fùnyá (fùnyá) : v.to torture 2.to torment 3.to persecute

dó ƒùƒú : v.to blow air with the mouth

dó gà : v.to borrow money

dó gǎ ɖé édzí : v.to borrow money in excess

dó gàsɔ́/ dó kèké : n.to ride a bicycle

dó gò ⋮ v.to meet 2.to confront 3.to encounter

dó gò....nɔ̀èwó : v.to collide

dó gbè ɖá : v.to pray

dó gbè ná : v.to greet 2.to salute

dó ɣè ná : v.to excite 2.to arouse 3.to turn on

dó ɣlí : v.to shout 2.to cry 3.to scream 4.to yell

dó ɣlí ɖé.....tà : v.to shout at

dó ɣlí yɔ́ : v.to shout out

dó hlìhlì : v.to whisper 2.to hiss

dó hlɔ̃ : v.to commit a crime

dó kàɖùgbí : v.to make a knot

dó ké : v.to cover in sand

dó kèké : n.to ride a bicycle

dó kpàtàklí àmè : v.to obstruct 2.to encumber

dó kpò : v.to be able to

dó kpò : adv.in vain 2.without success

dó lè làmè ná : v.to recover from

dó líƒó : v.to demarcate 2.to mark out 3.to determine

dó mègbé : v.to turn upside down

dó mò dzègl̃ɛ̀ : v.to scare

dó nù : v.to reconcile

dó nú nyuíwó : v.to dress elegantly/stylishly

dó núblánuí : v.1.to grieve 2.to be sad

dó nùƒò ná : v.to bother 2.to make one talk

dó núkòkòè : v.to make one laugh 2.to amuse

dò ŋgɔ̀ : adv.in advance

dó ŋgɔ̀ ná ⋮ v.to take lead. 2.to go ahead

dó ŋɔ́dzí ná : v.to scare 2.to frighten
3.to terrify

dó ŋùgbè : v.to commit 2.to promise

dó ŋùkpè : v.to dishonor 2.to disgrace

dó ŋúsɛ̃́ : v.to strengthen 2. To fortify

dó ŋúsɛ̃́ nú : v.to make efforts

dó sùsú ɖá : v.to propose 2.to suggest

dó tàflàtsé : v.to give an excuse 2.to
say sorry

dó tókú : v.to neglect 2.overlook 3.to
disregard

dó tómèvé : v.to make noise

dó vévìé : v.to endeavor

dó vévìé nú : v.to be studious

dó vìví (ɖé....ŋú) : v.to rave about

dó vìvìtí : v.to be dark

dó vɔ̀vɔ̃́ : v.to scare 2.to frighten

dó vɔ̀vɔ̃́ ná : v.to scare 2.to frighten 3.to
terrorize

dó ʋù ná : v.to have a blood transfusion

dó xó : v. be used

dó xòxó : v.to be used

dó yòmbó : v.to dye the hair

dó....ɖá : v.to intersect

dó....ɖé ŋgɔ̀ : v.to develop 2.to
improve 3.to promote

dó...ɖókùì ɖé dzì : v.to boast 2.to brag
3.to show off

dó...gbè : v.to speak a language

dó...kpɔ́ : v.to try 2.to test 3.to provoke
4.to examine

dó...ná : v.to cover 2. To re-cover

dó....nánétɔ́ : v.to ridicule 2.to fool/
n.appearance 2.flow 3.discharge

dòdó : n.1.arrival 2.requirement
3.production

dódó (nú) : n.seed 2.seedling 3.young
plant

dódóɖédzí : n.1.triumph 2.glory
3.victory

dòdókpɔ́ : n.examination 2.test
3.composition

dòdókpɔ́ tsìmègbé : n.examination resit

dòdókpɔ́gbàlɛ̀ : n.examination book

dòdókpɔ́nú : n.test 2.trial 3.examination

dòdókpɔ́wɔ̀lá : n.examination candidate

dòdòmètí : n.pivot 2.swivel

dòd̗édzí : n.overload 2.overcharge

dòfli : n.furrow

dòfé : n.exit 2.outlet

dògǎ : n.pit 2.trench

dògó : n.beetle

dòmè : prep.among 2.in the midst of 3.between

dòmè tútú (tú) : prep.in the middle of

Dòmèfù : n. Mediterranean

dòmèmɔ́ : n.section

dòmènɔ̀lá : n.intermediary 2.mediator 3.middleman

dòmènyílá : n.heir 2.inheritor

dòmènyínúgbàlě : n.testament 2.will

dòmènyíyí : n.heritage 2.inheritance 3.legacy

dòmètɔ́ d̗èká : n.the middle one

dòmètsì : n.gutter 2.channel 3.gully

dòmètsòtsò : n.interposition

dòmɔ́ : n.trench

dònùí : n.relish 2.seasoning

dòvòtùí : n.stupidity 2.foolishness

dɔ̀ : n.gut 2.intestine/ n.disease/ n.stomach/n.hunger/n.beak

dɔ̃́ : n.work n.artwork 3.task 4.service 5.occupation

dɔ́ : v.to send 2.delegate 3.order 4.to command

dɔ́ àkɔ̀lɔ̀è / dɔ́ àlɔ̀ : v.to doze off

dɔ́ àlɔ̀ : v.to sleep 2.doze off 3.slumber

dɔ́ àlɔ̀ ŋkútà : v.to take nap

dɔ́ àtsì : be constipated

dɔ̀ hlɔ̀ : v.to commit a crime

dɔ̀.....d̗ókúí : v.to take a risk

dɔ̀ : n.corridor 2.hallway

dɔ̃́ : v.be resistant 2.to resist

dɔ̀dàdà : n.treatment

dɔ̀dàfé : n.infirmary 2.sick bay

dɔ̀dàlá : n.healer

dɔ̀déàsí : n.duty 2.task 3.exercise

dɔdɔ́ : n.commission 2.committee 3.board/n.risk

dɔdɔ́ : n.duration 2.term 3.period

dʊ́dzíkpɔ́lá : n.foreman 2.director 3.manager

dɔ̀ɖèɖè : n.infection

dʊ́ɖémàwɔ̀ètɔ́ : n.lazybones 2.idler

dɔ̀ètɔ́ : n.lazybones 2.idler

dɔ́fé : n.accommodation 2.lodging 3.housing

dʊ́gã́ : n.company

dʊ́gbé : n.mission 2.assignment

dʊ́gbédèàwó : n.mission 2.assignment

dʊ́gbélá : n.striker

dɔ̀gbó : n.stomach 2.craw

dɔ̀kà : n.intestine

dɔ̀kàgá : n.big intestine

dɔ̀kàkà : n.epidemic

dɔ̀kàví : n.small intestine

dɔ̀kù : n.turkey

dɔ̀kùnɔ̀ : n.female turkey

dɔ̀kùtsú : n.male turkey

dʊ́kplɔ̀lá : n.leader 2.ruler

dʊ́lá : n.servant 2.maid 3.attendant

dɔ́lá : n.commissioner

dɔ̀lélé : n.sickness 2.disease

dɔ̀lélé ƒé tɔ̀trɔ́ gbɔ̀ : n.relapse

dɔ̀lélé ƒé vɔ̀vɔ̀ : n.healing 2.cure 3.recovery

dɔ̀lélékùí : n.n.microbe 2.germ

dɔ̀mè : n.abdomen

dɔ̀mè sèsḗ : n.diarrhoea

dʊ́mè : n.construction site 2.place of work

dɔ̀mèdèdè : n.diarrhoea

dɔ̀mèdzòè/ dɔ̀mèdzùì : n.anger 2.wrath

dɔ̀mèƒàà : n.generosity 2.open-handedness

dɔ̀mèƒààtɔ́ : n.generous person

dɔ̀mènúwó : n.guts

dɔ̀mènyó : n.favor 2.kindness

dɔ̀mètsítsí : n.permanence

dɔ̀mètútíkè : n.purgative

dɔ̀mèvévítɔ́ : n.short-tempered person

dɔ̀mì : n.balm 2.balsam

dɔ̀mlɔ̀è : n.last child

dɔ̀nɔ̀ : n.sick person 2.invalid 3.patient

dɔ̀nɔ̀bàtívì : n.stretcher

dɔ̀nɔ̀kɔ́dzì : n.hospital

dɔ̀nɔ̀kɔ́ʋú : n.ambulance

dɔ̀nùbὲ : n.pancreas

dɔ̌nyáláwó : n.specialized staff

dɔ̌nyányá : n.competence 2.skill
3.proficiency 4.ability

dɔ̀ŋùtí : n.lemon 2.lime

dɔ̀ŋùtítí : n.lemon tree 2.lime tree

dɔ̀ŋùtítsró kákὲ : n.lime peel 2.lemon
peel

dɔ̀sésɛ̃́ : n.tetanus

dɔ̌sɔ́srɔ̃́ : n.apprenticeship

dɔ̌srɔ̃́fé : n.apprenticeship

dɔ̌srɔ̃́vì : n.apprentice

dɔ̌tὲfé : n.job position

dɔ̌tὲtὲkpɔ́ : n.exercise 2.practice

dɔ̀tótó : n.famine 2.drought

dɔ̌tɔ́ : n.employer

dɔ̀trɔ́ : n.laxative

dɔ̀tsàtsà : n.shortage 2.drought
3.scarceness

dɔ̀vì : n.refill

dɔ̀vɔ̃́ : n.smallpox 2.plague 3.pestilence

dɔ̌wɔ̀fé :n.workplace

dɔ̌wɔ̀gbɔ̀gbɔ̀ :n.liveliness 2.high spirits
3.cheerfulness

dɔ̌wɔ̀hátí : n.colleague 2.work mate

dɔ̌wɔ̀kplɔ̀ : office table

dɔ̌wɔ̀lá : n.worker 2.employee

dɔ̌wɔ̀nà : n.function 2.capacity

dɔ̌wɔ̀nú : n.work tools

dɔ̌wɔ̀núwó : n.work materials

dɔ̌wɔ̀wɔ̀ : n.work

dɔ̌wɔ̀wɔ̀mmè : n.operation 2.working

dɔ̌wɔ̀wù ʋlàyà : n.cassock

dɔ̀wùìtɔ̀: adj.1.starving 2.famished

dɔxɔxɔ : n.infection

dɔyɔfé : n.hospital 2.infirmary

dɔyɔfé dɔwɔláwó : n.hospital staff

dɔyɔlá : n.doctor

drávlà : n.pilot

drɛ̃ lãmè : v.to relax 2.unwind

dró : v.to carry

dró núɖùɖù vá ná : v.supply 2.restock

drɔ ʊùnà : v.to judge 2.assess

drɔ̃ : n.buffet 2.sideboard 3.dresser

drɔɛ̃ : n.dream

drɔɛ̃ dzíŋɔ/ drɔɛ̃ vló : n.nightmare

drɔɛ̃kúlá : n.dreamer

dù : v.draw

dù : n.village 2.country 3.town

dùdòmè : n.town center

dùdɔ́lá : n.minister 2.secretary of state

dùdɔ́núnɔ̀fè : n.ministry

dùdɔ́nɔ̀lá : n.minister

dùdɔ́wɔ̀lá : n.civil servant 2.functionary

dùdzídzèlá : n.invader

dùdzídùlá : n.conqueror

dùdzíkpɔ́dɔ́wɔ̀fè : n.town hall 2.city hall

dùɖìmèkèkè : n.race

dùfúlá : runner 2.racer

dùgã́ : n.city

dùgã́mètɔ́ : n.city dweller

dùgbàdzà : n.public

dùgbàlá : n.terrorist

ɖùgbě : adj.herbivorous

dùkɔ́ : n.people 2.population 3.public

dùkɔ́ fé hà : n.anthem

dùkɔ́mèhà : n.anthem

dùkɔ́tèfénɔ̀fé : n. embassy

dùkɔ́tèfénɔ́lá : n. ambassador

dùkplɔ̀lá : n.president

dùkplɔ̀lá fé dɔ́wɔ̀fè : n.presidency

dùkpɔkplɔ : n.governance 2.presidency

dùmègã́ : n.notability 2.worthy

dùmègãwó :n.authorities

dùmèmètsì

dùmèmètsìtsì : n.worthy 2.notability

dùmèmóví/ dùmèmó sùè : n.alley 2.back
street 3.path

dùmètó : n.inhabitant 2.native

dùmèvávlá : n.migrant

dùmèvává : n.immigration 2.migration

dùmèví : n.citizen

dùmèvígbàlě : n.identity card

dùmèvínyényé mónùkpókpó : n.civil right

dùmèvínyényégbàlěví : n.identity card

dùnyà : n.politics 2.policy

dùnyàhèlá : n.politician

dùsísí : n.speed 2.velocity 3.pace

dùtòfò : n.public

dùvímèmó : n.alley 2.path 3.back street

dùxòlá : n.conqueror

dó nù (dé.....gbó) : v.1.to address 2.to
direct

DZ

dzà : v.rain

dzà tsì : v.to drip

dzà (tsìkpé) : v.to snow

dzá : v.to chop 2.slash 3.cut

dzádzádzá : adv.quietly

dzàdzènyényé : n.hygiene 2.neatness 3.cleanliness

dzàdzràɖó : n.preparation 2.preservation 3.storage

dzáká (mò) : v.to be bored

Dzàmánià : n. Germany

Dzàmáyèvú : n.German

dzằtá : n.lion

dzè : v.1.to land 2.touch down 3.to perch 4.split 5.to be correct 6.to be logical 7.to suit

dzè : n.salt/ v.to be furious

dzè àdè : v.to sweat 2.be moist

dzè àdrù : v.to be moldy

dzè àɖàʋà : v.to be crazy 2.to be mad

dzè àfɔkú : v.to have an accident

dzè àglǎ (ɖé......ŋú) : v.to protest

dzè àgbàgbá : v.to make an effort 2.to manage 3.to take steps

dzè àglǎ : v.to rebel 2.protest 3.to revolt

dzè àgɔ̀ : v.to do wrong

dzè àkɔ́ ànyí : v.to behave well

dzè àkpà : v.to have scabies

dzè àlɔ̀ : v.to divide 2.to corrugate 3.to ramify

dzè àní : v.be superb

dzè ànyí : v.to fall 2.fall down 3.to collapse

dzè ànyí tó.....mè : v.to succumb to

dzè àyè : v.to be crafty 2.be astute 3.be smart

dzè dɔ̀ : v.to be sick

dzè dù : v.to be sick

dzè dzèsɔ̀è : v.to balance

dzè dzì ná : v.to be satisfied

dzè ḍèká : v.to be handsome

dzè ḍí : v.to park

dzè égɔ̀mè : v.to begin 2.to start 3.to
embark

dzè émè : v.to beat

dzè gŏ ḍé....dzí : v.to break 2.to burst
3.break up

dzè klò : v.to kneel

dzè kpòkpò : v.to be sick 2.to fall sick

dzè ná : v.to merit 2.deserve 3.to earn

dzè ŋgɔ̀ : v.to be in front of

dzè ŋgɔ̀......nɔ̀èwó : prep.face to face

dzè sé mè : v.to catch 2.to seize

dzè sí : v.to know 2.to recognize

dzè sí mɔ́ : v.to know your bearing

dzè sréḍì : v.to worry 2.torment
3.agonize

dzè tó.....ŋú : v.to double 2.to pass

dzè tùgbè : v.to be beautiful 2.to be
pretty

dzè víé : v.to crack

dzè yòmè kplé dù : v.to run after
2.chase

dzè....dzí : v.1.to assault 2.to attack.

dzè....dzí lè àvò mè : v.to assault
2.attack

dzè....dzí (nú) : v.to faint

dzè...gɔ̀mè : v.to commence 2.to start

dzè.....kplé làxálàxá : v.to saw 2.cut
into

dzè....nɔ̀èwó yòmè : v.to succeed 2.to
follow each other

dzé : v.appear 2.to reflect 3.to be
transparent 4.to protrude

dzé : aux verb.must 2.ought to

dzé àní : v.to be beautiful 2.be splendid

dzèàglá : adj.rebellious 2.resistant
3.wayward

dzèàmèdzí : n.influenza 2.flu

dzéàní : adj.1.adorable 2.beautiful
3.pretty

dzèàyè : adj.1.clever 2.astute 3.crafty 4.smart 5.shrewd

dzèdódó : n.interview 2.meeting

dzèdǔ : adj.sick

dzèdzè : n.1.landing 2.touchdown 3.dignity 4.slot

dzèɖóɖó : n.conversation 2.interview

dzèfé : n.station 2.landing stage

dzékè : n.jack 2.lifter

dzèríkà : n.jerrycan 2.gallon

dzèsì : n.accent 2.signature 3.symbol

dzèsí : adj.known 2.famous 3.familiar

dzèsìdédé : n.indication 2.identification

dzèsìdédé àfá : n.average 2.pass mark

dzèsìdégbàlě : n.newsletter 2.bulletin 3.report

dzèsìdó : tatto

dzèsɔ̀è : n.equality 2.parity 3.par

dzètè : n.sweet potato 2.yam

dzètɔ́ : n.token 2.chip 3.counter

dzì : v.to give birth 2.reproduce 3.to multiply

dzì : n.heart/ 2.boldness 3.temerity

dzì : v.to be born

dzí ɖé....dzí : v.to increase 2.accumulate 3.to have a surplus of

dzì ɖè lè.....fò : v.to discourage

dzì hà : v.to sing 2.to chirp

dzì hà lè gbè mè : v.to hum a song

dzì vǐ : v.to have a baby

dzì.....ɖè...dzǐ : v.to develop 2.to overestimate

dzì....lè àkú mè : v.to whistle 2.hiss

dzǐ : adv.above/ n.sky 2.thunder 3.storm

dzǐ (lè) : adv.above 2.overhead

dzǐ fé gbèɖèɖè : n.thunderbolt 2.crash of thunder

dzí : prep.on 2.over 3.upon

dzí ŋ́ɔ : v.to scare 2.to frighten 3.to terrify 4.be horrible 5.to terrorize

dzǐ : adj.red 2.scarlet

dzǐá (lè) : adv.the top

dzǐdàdà : n.offense 2.insult 3.trespass

dzìdèdè : n.increase 2.intensification
3.build-up

dzì/ dzìdéfò : n.1.boldness 2.temerity
3.nerves 3.audacity

dzìdéfò lè......sí : v.1.to be bold

dzìdéfò núnáná : encouragement
2.comforting

dzìdéfònyà : n.encouraging word
2.comforting word

dzìdéfòtɔ́ : n.courageous person

dzìdégbè : n.1scorpion 2. thunder
3.lightning

dzìdèlá : n.climber

dzìdódó núwɔ̀wɔ̀ : n.act of courage

dzìdólá : n.brave person 2.valiant

dzìdzɔ̀ : n.cardiac disease

dzìdzá : n.porcupine 2.hiccup

dzídzé : v.to dose/ v.to stamp 2.aim for

dzídzé : n.measure 2.capacity

dzídzé ʋù fé dɔ́wɔwɔ : v.to read blood
pressure

dzídzé...dókuì : v.to measure up

dzìdzèdzè : n.happiness 2.welfare
3.success 4.satisfaction

dzìdzèmè : n.peace 2.security

dzídzémè : n.dose 2.dosage 3.measure

dzìdzì : n.reproduction 2.birth 3.nativity

dzìdzìdédzí : n.development 2.growth
3.expansion

dzìdzìmè : n.generation 2.descent

dzìdzɔ̀: n.jubilation 2.joy 3.glee 4.
rapture

dzìdzɔ̀dónámè : n.kindness 2.indulgence

dzìdzɔ̀kpɔ́kpɔ́ : n.rejoicing 2.merriment

dzìdzɔ̀màkpɔ́màkpɔ́ : n.discontent
2.dissatisfaction 3.malcontent

dzìdzɔ̀núdùdù : n.treat 2.feast 3.delight

dzìdzɔ̀tɔ̀è : adv.cheerfully 2.warmly
3.heartily

dzìdèdè : n.reduction
2.discount/n.relief 2.solace

dzìdèdèkpɔ̀tɔ̀ : n.rationing 2.limitation

dzìdèdí : n.tardiness 2.slowness
3.sluggishness

dzǐḍègbè : n.lightning 2.thunderbolt/
n.centipede

dzǐḍèlèàmèfò : n.discouragement
2.dejection 3.depression 4.despair

dzǐḍùḍù ˸ n.administration
2.reign/n.victory 2.triumph

dzǐḍùḍùmènɔ̀lá : n.official

dzǐḍùfè : n.kingdom 2.realm

dzǐḍùnyà : n.score 2.tally

dzɪě̀ (lè/nɔ̀): v.to be red

dzǐèdzǐgbɔ̀gbɔ̀ : n.panting 2.gasping
3.puffing

dzǐèhè : north

dzìfáfá : n.consolation 2.comfort
3.solace

dzìfè : n.place of birth 2.birthplace

dzǐfò : n.sky 2.heaven

dzìfòfò : n.pulse

dzǐfòxɔ̀ : n.storey building

dzǐgà : n.pickaxe 2.mattock

dzǐgbé : n.uphill

dzìgbèzá̌/dzìgbèŋkèkè˸ n.anniversary
2.birthday

dzìgbèŋkɔ́ : n.first name

dzìgbèzá̌ ˸ n.anniversary 2.birthday

dzìgbɔ̀ḍí : n.patience 2.forbearance

dzìgbɔ̀ḍítɔ̀è : adv.patiently

dzǐkèdzò : n.lightning 2.thunderbolt
3.flash of lightning

dzìkú : n.anger 2.displeasure
3.displeasure

dzìkúdódó : n.indignation 2.annoyance

dzìkuídzìkuí : n.hiccup 2.hiccough

dzǐkpàkpà : n.good heart

dzǐkpɔ́kpɔ́ : n.protection 2.surveillance
3.supervision

dzǐkpɔ́lá : n.protector 2.guardian

dzìlá : n.parent

dzìmàḍìtsítsí : n.concern 2.anxiety
3.worry 4.uneasiness

dzǐmàḍùlá : n.loser 2.underdog

dzìmè : n. torso 2.n pride

dzìmèfú: n. spine

dzìmèkpò: n. loins

dzĭmàkpɔ́è : *adv.* unattended

dzìmètɔ́rɔ́: n. conversion

dzíǹì: n. gin

dzĭnɔ̀lá: n/v. support

dzíŋgɔ̀: n.1. Sky 2. Heaven 3.adj. blue

dzíŋgɔ̀lì: n .firmament

dzìŋɔ̀: adj.1. scary 2.fearful 3.awful
4.ghastly 5.hair-raising

dzípùʋú: n. jeep

dzĭsásrá: n.1.ceiling 2.roof

dzìtá: n. guitar

dzìtáfòlá: n. guitarist

dzìtɔ́: adj.1.brave 2.worthy 3.gallant
4.bold n.1.brave man 2.valiant

dzìtódzìtó: n. lung

dzĭtsínyà: n.1.emergency
2.premonition 3. self-consciousness

dzĭtsítsí: n.1.anxiety 2.concern 3.worry
4.restlessness

dzĭwuì: n.1.shirt 2.jacket 3.coat

dzixɔ́sènyuítɔ́: n.optimist adj.1. hopeful
2. optimistic

dzĭyà: n.1. thunder 2. foul wind 3. storm
4. blast 5. weather

dzĭyìyì: n. ascension

dzĭyɔ́yɔ́: n.1. submersion 2.
submergence

dzìzízí: n.1. constraint 2. coercion 3.
obligation 4. requirement

dzìzízí (ɖe-me): adv.1. unwillingly 2.
reluctantly 3. grudgingly v.1. flutter
about 2. hover 3.fly-away 3.take-off
4.evaporate

dzò: n.1. Fire 2. Heat 3. Flame 4. Bonfire

dzò (kple): adv.1.warmly 2.heartily
3.kindly 4.genially

dzò ɖé dzĭ: v.1.jump 2.start 3.blench

dzò fè dòdò: v.1. eruption 2.rash
3.outbreak 4.outburst

Dzò gá: n.1.conflagration 2.fire 3.blaze
v.1.blaze 2.burning

Dzò lè... gbɔ́: v.1.outdistance 2.outrun
3.outpace 4.outdo 5.distance

dzò nyànyànyà: v.1.tremble 2.shake
3.quiver 4.wabble 5.wobble 6.flicker
7.waver

dzó tò....tà: v.1.flyover 2.soar 3.overfly
4.takeoff 5.fly

dzó: v.1.leave 2.go 3.depart 4.retire 5.quit 6.give up 7.jump 8.walk away 9.forsake

dzó…. dù: v.1.ruminate 2.mull over 3.ponder 4.chew the cud

dzó…..gàdù: v.1.ruminate 2.ponder 3.mull over 4.chew the cud

dzòbì: n.1.burn 2.scorch 3.sting

dzòbìbì: n.1.flame 2.blaze 3.fire 4.flare

dzódédé là mè:n.1.rapture, 2.enthusiasm

dzòdélàmè: n.1.warm-up of the body v.1. to warm the body

dzòdénùmèlá: n.1.animator 2.leader 3.master of ceremonies 4.quiz master 5.sponsor

dzòdénúmènyà: n.1.slogan 2.cry 3.tag 4.catchword

dzòdódó: n.1.heating 2.heater 3.hotness 3.warming adj.1.warming v.1.heating

dzòdófé: n. kitchen

dzòdzè: n.1.February 2.dry season

dzòdzèfé: n.1.fire 2.conflagration 3.blaze

dzòdzò: n.1.heat 2.warmth 3.temperature 4.fever 5.flight 6.spurt / v.1.soaring 2.jump 3.spurt

dzòdzò: adj.1.hot 2.warm 3.cosy 4.sultry

dzòdzó: n.1.departure 2.separation 3.dismissal

dzòdzró: n.1.desire 2.longing 3.wish 4.lust 5.will 6.craving 7.eagerness 8.readiness 9.vow

dzódá/ dzódágbè : n. Monday

dzòdélàmè: n.1.overheating 2.warming 3.warm up adj.warming v. warming

dzòfádé: n.1.fire 2.flame 3.burn 4.blaze

dzògbě: n.1.savannah 2.desert 3.wilderness

dzògòè: n.1.corner 2.place 3.spot 4.nook

dzògòèdzídzénú: n.1.square 2.triangle v. set square

dzòkà: n. starter car

dzòká: adj. braised

dzókà: n.1. joker 2.wild card 3.lucky charm

dzòkěké: n.1.bike 2.motorcycle 3.motorbike 3.hog 4.moped

dzòkěkédólá: n.1.motorcyclist 2.rider
3.biker

dzòkèkklé: n.1.light 2.luminary 3.glow
4.spark 5.blink 6.gleam 7.glimmer
v.1.glow 2.gleam

dzòkò: v.1.soften 2.relax 3.supple

dzòkòdzókó: n.1.relaxation v.limbering
up

dzòkpé: n.1.hearthstone 2.fireplace

dzòkpó: n.1.stove 2.furnace 3.camping
stove

dzòlémì: n.1.gasoline 2.petrol 3.essence

dzòmàvↄ̀: n.1.hell 2.inferno
3.underworld

dzòmàvↄ̀: adj.1. eternal 2.endless
3.everlasting 4.undying 5.unfading
6.perennial 7.timeless

dzòmè: n.1.December

dzòmèfí: n.1.ash 2.cinder

dzòmì: n. palm oil

dzònú: n.1. Bead 2.pearl

dzòsìsì: n.1.ignition 2.kindling

dzòtó, dzòtòé: n. volcano

dzòtↄ́gbě: n.1. fire 2.blaze
3.conflagration

dzòtↄ́tↄ́: n/v/adj burning

dzòtↄ́tↄ́ akpá: n. overheating

dzòve: n. January

dzòwótↄ̀: adj.1.ashy 2.ashen 3.gray
4.grey-haired n.grizzle

dzòxì: n. spark

dzòxↄ̀: n.1. locomotive 2.engine
3.bonnet 4.cowl

dzòxↄ̀xↄ̀ : n.1.blaze 2.inflammation
3.warming

dzòxↄ̀xↄ̀ akpá : n. overheating

dzòxↄ̀xↄ̀ yì.....dzí: n. warming

dzↄ̀: v.1.happen 2.occur 3.transpire
4.befall 5.take place 6.collect 7.gather
8.pick up 9.reap 10.take in 11.iron out
12.flatten 13.smooth over

dzↄ̀ (àlↄ̀nù): n+v : to be clever

dzↄ̀ (dzì-) :n+v to be happy 2.tickle

dzↄ̀ àtsú : n+v to be strong

dzↄ̀ dzì (ná) : v.1.to please 2.like

dzɔ̀ ɖó tà dzí: v.1.stand up 2.stand erect

dzɔ̀ gà: v.1.contribute money

dzɔ̀ lã̀: v. to be stupid

dzɔ̀ sɔ̀: v. to save money collectively

dzɔ̀ (tɔ̀ mé.....ò): to be wrong

dzɔ́...(gà) dù :v. ruminate

dzɔ̀ ŋú:v.1.guard 2.preserve 3.look after 4.watch over

dzɔ̀àtsú:adj.1.robust 2.strong 3.sturdy 4.hardy 5.tough 6.stout 7.able-bodied

dzɔ̀dzɔ̀:n.1.wait 2.expectancy 3.expectation

dzɔ̀dzɔè: adj.1.upright 2.straight 3.upstanding 4.righteous

dzɔ̀dzɔènyènyè:n 1.justice 2.law 3.fairness

dzɔ̀dzɔ̀mètɔ̀: adj.1.hereditary 2.inherited

dzɔ̀dɔ̀mènú:n.heredity

dzɔ̀dzɔ̀mènúnáná:n.innate gift

dzɔ̀ɖémè: n.incident 2.mishap 3.episode 4. Event adj.1.incidental 2.incident

dzɔ̀fitó: n. lung

dzɔ̀gbè ƒé núnáná: n.1.fate 2.lot 3.destiny

dzɔ̀gbè núɖóɖí: n.fate 2.lot 3.destiny 4.portion

dzɔ̀gbènyuí:n.1.asset 2.trump 3.goodness

dzɔ̀gbènyuínú: n.lucky charm

dzɔ̀gbènyíutɔ̀è:adv.1. Fortunately 2.happily 3.thankfully

dzɔ̀gbèvɔ́é:n.1.bad luck 2.misfortune 3.mishap 4.mischance 5.misadventure

dzɔ̀lá:n.1.caretaker 2.warden 3.porter 4.guardian 5.janitor 6.custodian 7.watchman

dzrà àmèɖókuǐ ɖó:v.to preserve

dzrà:v.1.keep 2.retain 3.maintain 4.save 5.hold 6.bank 7.treasure 8.reserve 9.enshrine spare 11.economize 12.straighten 13.put in order 14.put away

dzrà ɖó ɖí:v.to be foreseeing 2. to prepare for

dzrà gà ɖó:v.1.save money 2.economize

dzrà......ɖókuǐ ɖó:v.to dress up oneself

dzrà nɔ̀èwó (dòmè) ɖó:v.1.to make up with 2.to reconcile with dzrá:v.1.sell 2.retail 3.shop

dzrá dě:v.1.detail 2.itemize 3.retail

dzrá...... ḍókuí: v. To be conceited

dzràḍófé:n.1.hideout 2.concealment.
Adj.hideaway

dzràḍolá:n.1.repairer 2.renovator

dzrálá:n.1.trader 2.dealer 3.shopkeeper
4.vendor 5.tradesman

dzrè:n.1.quarrel 2.feud 3.argument
4.squabble 5.brawl 6.dispute7.hostility

dzrèwòlá:adj.1.quarrelsome
2.contentious 3.belligerent

dzrò nyà mè: v.deliberate

dzrǒ:n.1.wish 2.vow

dzró:v.1.try 2.attempt 3.tempt
4.endeavor 5.seek

dzró bé: v.long for 2.crave for 3.lust
after 4.want

dzró:conj.1.so 2.therefore 3.thus
4.whereof adv. Consequently

dzróàmè:adj.1.appetizing 2.enticing
3.mouth-watering 4.seductive 5.savory
6.luscious

dzù:v.1.insult 2.abuse 3.offend 4.revile

dzù: n. insult 2. abuse 3.slur

dzùdzɔ:v.1.stop 2.desist 3.cease
4.discontinue 5.quit 6.interrupt 7.break
8.rest 9.lie down 10.relax

dzùdzɔ:n.1.rest 2.respite 3.refresh
4.smoke 5.vapor 6.smolder 7.steam

dzùdzɔbàblà:n.smoke plume

dzùzù:n. insult 2. abuse 3.slur

dzùnyà:n.1.swearword 2.profanity
3.abuse

Đ

ḍà:v.to cook 2.to boil 3.to prepare a meal

ḍà:n.hair 2.lock of hair

ḍà:conj.for. 2.of

ḍà gbě ná....ḍó:v.prepare an infusion

ḍà nú : v.to cook 2.prepare a meal 3.prepare food

ḍà wɔ̀wɔ̀:n.wig

ḍà:v.1.be sharp 2.be effective

ḍàà:adv.1.indefinitely 2.infinite 3.always 4.still 5.yet 6.forever 7.often 8.frequently

ḍàblànú:n.1.bar 2.cap 3.hair clip

ḍàbòḍàbò:n. Goose

ḍàḍà:n.distillation 2.v.1.baking 2.roasting

ḍàḍà:n.1.prepared meal 2.porridge 3.mush

ḍàḍɛ:adj.1.sharp-cutting 2.sharp 3.acute 4.keen 5.severe

ḍàfòfò:n.1.hairdressing 2.braiding 3.weaving

ḍàfòlá:n.hairdresser 2.braider

ḍàgbè:n. blessings 2. peace

ḍàkpàlà:n.1.barber

ḍàméfé:n.1.ray 2.streak 3.part 4.scratch

ḍàséḍíḍí:n.1.testimony 2.witness 3.testimonial 4.evidence 5.attestation

ḍàséḍíḍígbàlě:n.1.dipolma 2.degree 3.qualification

ḍàséḍíḍígbàlě kɔ́kɔ́:n.license

ḍàséḍílá:n.witness

ḍàwàḍàwà:n.mustard

ɖè:v.1.remove 2.strip 3.take off
4.subtract 5.deduct 6.infer 7.deduce
8.clear out 9.evacuate 10.expel 11.pull
out 12.draw 13.extract 14.dig 15.scoop
16.drill 17.deliver 18.rescue 19.unplug
20.to marry 21.reap 22.harvest 23.catch
24.unhook 25.involve 26.produce
27.manufacture 28.mark 29.echo
30.clatter

ɖè àblá:v.1.to hurry 2.to hurry up 3.to
hasten

ɖè àbóyò:v.deport

ɖè àdó:v.1.to fight 2.to battle 3.to
entertain 4.to enjoy

ɖè àfɔ:v.to employ tactics

ɖè àfɔkpà: v.take off shoes

ɖè àgbà lè:v.1.discharge 2.offload
3.unload 4.exonerate 5.acquit

ɖè àkálò:v.1.strip off the plaster
2.remove the plaster

ɖè àmàkpà:v.to flake

ɖè àsí lè.....ŋú:v.1.discharge 2.acquit
3.exonerate 4.abandon 5.give up 6.let
go7.dump 8.leave 9.let loose 10.drop
11.release 12.set free 13.free 14,clear
15.resign from

ɖè àtɔ:v.1.dig out 2.unearth 3.smoke
out 4.hunt down 5.ferret out secrets

ɖè àwú:v.to undress

ɖè ɖò (ɖé....mé):v.1.slash 2.dent
3.notch 4.make a notch 5.make a dent

ɖè ɖɔ:v.1.disembowel 2.eviscerate

ɖè ɖzí ɖí:v.to relax

ɖè ɖzí kpɔtɔ: v.1.restrict 2.limit 3.reduce
4.constrain 5.curb 6.tie 7.keep down

ɖè ɖzí lè fò ná:v.discourage
2.dishearten 3.dampen 4.dispirit

ɖè ɖzí lè....fò:v.1.disappoint 2.deceive
3.frustrate 4.let down 5.betray

ɖè ɖzímè fùflù:v. to get shirtless

ɖè ɖzímèkpò:v.to get shirtless

ɖè ɖzò:v.1.sparkle 2.flash 3.gleam
4.glisten 5.shine

ɖè ɖzòxì:v.to make shine

ɖè (.....) ɖá:v.1.take off (hair) 2.remove
(hair)

ɖè ɖèklèmì :v.1.criticize 2.review 3.find
fault 4.take apart 5.run down

ɖè (....)fiá:v.1to illustrate 2.to exemplify
3.show 4.exhibit 5.present 6.introduce
7.reveal 8.disclose

ɖè fótò:v.to photograph 2.to film

dè fù:v.1.make miserable 2.have trouble 3.hurt 4.to hinder 5.ᴛᴏ inconvenience 6.to annoy 7.to irritate 8.be a hassle 9.to disturb 9.to perturb 10.to distract 11.to be boring 12.to obstruct

dè fù ná:v.1.annoy 2.displease 3.bother 4.disturb 5.derange 6.trouble 7.disperse 8.clear 9.remove 10.torment 11. Harass 12.worry

dè fù ná.....dókuí: v.to bother oneself 2.to hassle oneself

dè fù lè.....mè: v.to bone out

dè gà:v.to disburse money

dè gàgbè: v.to rattle 2.to jingle 3.to click 4.to ping

dè gòglòmì: v.1.tumble 2.somersault

dè gbè:v.1.to scold 2.roar 3.tell off 4.give an order 5.dictate

dè gbè (dzǐ):v.to boom

dè gbè ɖé.....dzí:v.lightning strike

dè gbè ɖé.....dzí(dzǐ):v.blast

dè gběè lè.....dzí:n.clearing brush v.1.to announce 2.advertise 3.declare 4.report 5.point out 6.mention 7.notify to

dè gbèɟá(....) lè ràdió dzí:v.broadcast

dè kà:v.1.detach 2.loosen 3.disconnect 4.untie 5.unbind

dè(.....)kpɔ̀tɔ̀:v.to decrease 2.lessen 3.reduce 4.restrict 5.limit 6.restrain 7.disadvantage 8.handicap

dè lè émè:v.to be excluded prep.1.except 2.barring 3.apart from

dè lè....mè:v.to exclude

dè.... ŋú: v.to shear

dè mìtsì: v.to snuff 2.to blow mucus

dè mòdzáká:v.to entertain

dè mòxévɔ̀:v. to unmask

dè mɔ́ ná:v.1.to authorize 2.allow 3.permit 4.to tolerate 5.give preferential treatment

dè mɔ́ (dè.....mè):v.to make a notch in

dè nú:v.1.to vomit 2.throw up 3.spew

dè(.....)nùkpé:v.to unbutton 2.open

dè ŋkútà:v.to take a nap

dè ŋúsě dzí: v.1.disengage

dè nùtrénú lè......ŋú:v.unseal

dè núwó dò gǒ:v.1.get rid of 2.clear.

ɖè núwó lè....dzí:v.1.clear 2.dig 3.give off 4.liberate 5.unlock 6.redeem 7.excavate

ɖè ŋkú ɖè.....ŋú: v.1.contemplate 2.think over 3.consider 4.examine 5.discuss 6.investigate 7.explore

ɖè srɔ̀:v.1.to marry 2.wed 3.tie the knot

ɖè srɔ̀ ná: v.1.marry off 2.to wed

ɖè sùsú:v.1.to reason 2.think

ɖè tá:v.1.to spit 2.cough up 3.drip

ɖè tákpótì : v.tumble 2.somersault

ɖè tó ɖé......ŋú:v.besiege

ɖè tó lè....mè: v.1.subtract 2.take away 3.take out adv.1.less 2.fewer

ɖè tsró: v.1.to husk 2.to shell 3.to peel 4.shave 5.to molt

ɖè vǐ: v.1.to be positive 2.to be profitable 3.enjoy 4.benefit 5.thrive 6.gain

ɖè vòdàdà:v.to rebuke

ɖè xè:v.1.to vomit 2.to throw up

ɖè yà lè......mè:v.1.deflate 2.raid

ɖè....ɖò gǒ: v.1.to go out 2.bring out 3.take out 4.expel 5.deport 6.evict 7.move out 8.dig out

ɖè....dzí:v.1.to shorten 2.curtail 3.take a short cut 4.restrict 5. To discount

ɖè....dzí ɖɔ̀dɔ̀dɔ̀:v.1.slow down 2.slow 3.decelerate 4.slacken

ɖè....dzí kpɔ̀tɔ̀: v.1.ration out 2.disadvantage

ɖè.....dzó: v.1.evacuate 2.clear out 3.expel 4.mutate 5.shift

ɖè.....ɖá:v.1.remove 2.get rid off 3.eliminate

ɖè.....ɖé àgà:v.1.isolate 2.separate 3.seclude 4.discard 5.eliminate 6.put away

ɖè.....ɖé fim dzí: v.to film

ɖè.....ɖé gò:v.1.unmask 2.uncloak

ɖè....ɖókuí:v.1.to liberate oneself 2.to free oneself

ɖè....ɖókuí fiá:v.1.to introduce oneself

ɖè....fià lè tèlèvìziɔ̃́ dzí: v.1.to televise 2.broadcast

ɖè...gbɔ̀: v.1.mutate 2.shift

ɖè.....kpèkpè dzí(kpɔ̀tɔ̀): v.1.alleviate 2.lighten 3.relieve

ɖè...lè......mè:v.1.subtract 2.remove 3.take away 4.take out 5.deduct

ɖè....lè......nù: v.to dismiss from

dè....lè......té: v.1.dispense 2.exempt
3.release

dè....lè...tèfé:v.1.move 2.displace
3.dislodge 4.trans-locate

dè.....mè:v.to explain 2.clarify 3.to clear
3.demonstrate 4.justify 5.account for

dè.....nɔ̀èwó: v.1.be getting married
2.wed

dè.....nɔ̀nɔ̀mè fiá: v.to point one's
attitude

dè...tó: v.1.to publicize 2.to publish
3.bring out 4.dig out

dè.......tsó....mè: v.1.to deduct
2.subtract

dè......vá: v.to shift

dè.....yì: v.to transfer

dé: prep.1.in 2.to 3.into

dè dù: loc.adv. 1.together 2.in a body 3.
in a community

dè(.......)nɔ̀èwó yòmè:
loc.adv.successively

dè ŋkú dé.....ŋú: v.1.admire 2.commend

dè vò: v.be lonely

dè......dzí: adv.1.on 2.about 3.over 4.at
5.upon 6.unto 7.with

dé......mè: adv.1.put into 2.in 3.into
4.within 5.inside

dé......nù: v.1.make up 2.balance 3.
offset 4.compensate

prep.1.according to 2.depending on 3.by
4.in accordance with 5.within 6.under
7.by virtue of

dé........ŋú: prep.1.against 2.versus
3.anti 4.on 5.about 6.to 7.over 8.upon
9.unto 10.with 11.across 12.along
13.after 14.before 15.towards

dèdzò: adj.1.sparkling 2.glistering
3.gleaming 4.shinning 5.blazing
6.twinkling

dèdzòdèdzòè:n.1.firefly 2.fire worm
3.lightning bug

dèdè: n.1.transfer 2.posting 3.rescue
4.saving 5.life saving 6.deliverance
7.liberation 8.salvation

dèdè(dzò yì tèfé) :n.1.posting
2.allocation 3.appropriation
4.assignment 5.appointment

dèdè dè àgà: n.1.insulation 2.isolation

dèdè lè émè: v.1.disentangling
n.disentanglement

dèdè kò: adj.1.alone 2.single 3.lonely
4.lonesome

dèdèdá: n.1.displacement 2.movement
3.shifting 4.removal 5.suspension
6.cancellation 7.deletion 8.erasure

dèdèdá lè........tèfé: n.1.displacement 2.movement 3.shifting 4.removal

dèdèfiá: n.1.demonstration 2.display 3.exhibit 4.evidence 5.substantiation 6.illustration 7.showing

dèdègbàlě: n.1.notice of transfer

dèdèlěmè: n.1.revocation 2.withdrawal 3.cancelling 4.calling off

dèdèyì: n.1.transfer 2.posting

dèdì: n.1.fatigue 2.tiredness 3.weariness 4.exhaustation 5.overstrain

dèdí: n.ant

dèdìtéàmènú: n.1.fatigue 2.tiredness 3.weariness 4.exhaustation 5.overstrain

dèdítò:n.anthill

dèká: adj.1.one 2.only 3.single 4.sole

dèká (wò -): v.to reconcile

dèká hó: adj.1.single 2.unique 3.only 4.one

dèká nkúmè: adj.1.similar 2.the same 3.equal 4.alike

dèkádèlá: adj.monogamous

dèkáè: adv.in community

dèkákpuì: n.1.adolescent 2.teenager 3.juvenile 4.young man adj.1.youthful 2.young

dèkákpuì (gàtró zù): :v.1.rejuvenate 2.grow young again

dèkákpuìmè: n.1.youth 2.youthfulness 3.youthfulness of a man

dèkányínònò: n.1.solitude 2.loneliness 3.seclusion 4,desolation

dèkátsítsí: n.1.solitude 2.loneliness 3.seclusion 4,desolation

dèkáwòwò: n.1.union 2.unity 3.association 4.communion 5.reconciliation

dèkáwòwò kàdédé: n.cooperation

déké: pronoun.1.none 2.neither 3.no one

dékémàtsólěmè:n.1.indifference 2.unconcern 3.apathy 4.disinterest 5.detachment

dékémàwòlá: adj.1.lazy 2.idle n.1.idler 2.lazybones

dèklèmìdèdè: adj.critical 2.crucial 3.high 4.corner n.1.review 2.criticism 3.critique

délá: n.saviour

dẹ̌mànyálá: adj.1.innocent 2.harmless
3.guiltless 4.not guilty 5.honest

dẹ̌mànyámànyá: n.1.innocence
2.honesty

dẹ̌mànyátɔ́ :adj.1.innocent 2.harmless
3.guiltless 4.not guilty 5.honest

dèsiádẹ̌: adj.1.each 2.every
pronoun1.either

dèsiádẹ̌ kò: adj.1.any 2.some 3.ordinary
pronoun 1.some 2.other

dètí: n.cotton plant

dètí kákɛ́: n.pad of cotton wool

dètífú: n.1.cotton wool

dètífúkɔ́: n.1.tampon 2.pad 3.swab

dètɔ́: pronoun.1.other 2.another
adj.different

dètùgbuì: n.1.young lady 2.maiden
3.damsel 4.unmarried lady

dètùgbuì: n.Miss

dètùgbuì(gàtrɔ́ zù) : v.to be a young
woman

dètùgbuì (ná.......gàtrɔ́ zù) :v.to be a
young woman

dètùgbuì trènɔ:n.old girl

dètùgbuìmè :youth of a woman

dètùgbuìwó: n.misses

dèví: n.1.child 2.kid 3.infant

dèví nútóvòwɔ̀lá: n.delinquent

dèvímè: n.1.childhood 2.infancy

dèvísùsútɔ́ (nye) :v.to be naive

dèvíwó ʄe dɔ̀yɔ̀lá/ dèvíwó ʄe dɔ́kítà :
n.pediatrician

dèwóhî̀î̀/ dèwómáhî̀î̀ : adv.1.perhaps
2.maybe 3.probabbly 4.perchance
5.possibly 6.supposedly V.1.descend
2.go down 3.come down 4.get off
5.drop 6.alight 7.slide down 8.burry

(tsó tɔ̀dzí ʊú mè): v.1.disembark
2.offload 3.unload 4.give taste

dị àkɔ́ :v.1.joke 2.tease 3.make fun
4.crack a joke

dị àsì : v.to shop

dị dàsé: v.1.to testify 2.give evidence
3.to be a witness 4.to attest

dị dè: v.to make emotion

dị dé: v.1.surprise 2.catch 3.amaze
4.startle 5.overtake

ḍi ḍé ḍɔmè: v.1.to digest 2.to stomach

ḍi ḍé émè: v.1.to rest 2.to lie down

ḍi fò: v.to be satisfied

ḍi fɔ́: v.to be damned

ḍi gbè: v.1.to resonate 2.resound 3.echo 4.reverberate

ḍi gbɔ̀: v.1.to dishonour 2.disgrace

ḍi kà: v.to become thin

ḍi kòkuì: v.be ridiculous

ḍi kù: v.1.to be thin 2.to slim down

ḍi kù ákpá: v.to be skeletal

ḍi mɔ́ (tó......dòmè): v.to go through preposition.1.through 2.across

ḍi nyàtèfé ná: v.to be probable

ḍi tsà: v.1.to stroll 2.to take a walk

ḍi tsyɔ́: v.to attend funerals

ḍi........nɔ̀èwó :v.to be similar

ḍǐ : n.1.dirt 2.filth 3.waste 4.litter 5.rubbish 6.garbage

ḍí: v.1.resound 2.echo 3.ring out 4.jingle 5.strike 6.toll

ḍí: v.to abandon

ḍí bìm: v.to be innocent

ḍí ḍémè: v.to refresh oneself

ḍí tíŋtíŋ: v.1.ring 2.tinkle 3.jingle

ḍiá: v.1.to spy 2.to snoop 3.watch

ḍìdódó: n.1.submersion 2.submergence

ḍìḍéàmè: adj.1.surprising 2.amazing 3.astonishing

ḍìḍì: n.1.interment 2.resemblance 3.similarity 4.likeness 5.similitude

ḍìḍì: n.wall

ḍìḍí: n.1.sound 2.tone 3.alarm 4.ring 5.jingle n.1.slip 2.slide 3.slipping 4.slidding 5.stumble 6.reduction 7.discount

ḍíḍí: v.1.lower 2.fall 3.drop 4.reduce 5.decrease 6.restrain 7.modify 8.moderate 9.be slippery 10.slip down

ḍíḍí(lè.....nù):v.dislocate

ḍíḍí àzɔ̀lì :v.1.slow down 2.decelerate 3.slacken

ḍíḍí tsó....dzí: v.skid

ḍíḍí......ḍé ànyí: v.1.lower 2.depress 3.diminish 4.push down 5.step down

ɖí ɖí.........kpɔ̀tɔ̀: v.1.reduce 2.cut
3.lower 4.diminish 5.decrease 6.lower
prices

ɖi ɖi ɖéàmè : n.1.emotion 2.feeling
3.thrill 4.agitation

ɖi ɖi ɖé dɔ̀mè:n.digestion

ɖǐfòfò: n.1.dirtiness 2.contamination
3.pollution

ɖífɔ́: adj.damned

ɖíkáá: prepositional phrase. At all cost

ɖi kèkè: n.1.doubt 2.question
3.uncertainty 4.discredit

ɖi kòkoè/ ɖi kòkui : adj.1.funny 2.comic
3.ridiculous 4.silly 5.absurd

ɖi kù: adj.1.stunted 2.sickly
3.undeveloped 4.skeletal

ɖǐnú: n.1.filth 2.dirt 3.dirtiness4.spot
5.stain 6.patch

ɖò: n.vagina

ɖò tó: v.1.shut up 2.hold one's peace
3.hold one's tongue

ɖó: v.1.arrive 2.come 3.show up 4.run
into 5.rush 6.slip 7.slip by 8.dispatch
9.destine 10.address 11.adhere
12.establish 13.form 14.constitute
15.create 16.develop 17.take the
resolution 18.decide 19.determine
20.fasten 21.settle 22.claim 23.require

24.demand 25.insist 26.enforce
27.impose 28.stand in line 29.spread
out 30.expose 31.exhibit 32.display

ɖó àɖàŋù: v.1.suggest 2.propose 3.offer
4.imply 5.submit

ɖó àfɔ...dzí: v.1.trample on 2.mark time

ɖó àgà: v.1.skid 2.slue

ɖó àgbàgbǎ: v.1.balance 2.equilibrate
3.counterbalance

ɖó àgbàkà: v.1.stand in line 2.queue up
3.queue

ɖó àhànòŋkɔ́: v.1.nickname 2.surname
3.give a nickname

ɖó àsì.......dzí: v.1.quieten 2.ease
3.alleviate 4.appease 5.sooth 6.mollify

ɖó àsì: v.1.exhibit 2.display 3.show
4.present 5.to flaunt

ɖó àtsyɔ́: v.1.beautify 2.improve
3.glamorize 4.to be pretty 5.dress with
flag 6.garnish 7.decorate

ɖó àtsyɔ́......kplè séfòfò: v.1.flourish
2.blossom 3.to bloom 4.to flower

ɖó àxà: v.to number

ɖó bà: v.1.mire 2.entrap 3.to get stuck

ɖó dzè: v.1.to chat 2.talk 3.converse

ɖó dzì ɖé.......ŋú: v.to trust

ɖó (.....) dzò dzí: v.1.reheat 2.heat up
3.warm up 4.to heat

ɖó flì: v.1.stand in line 2.queue up

ɖó fúfú: v.to blow 2.puff 3.inflate

ɖó hèhè: v.1.to sob 2.burst into tears

ɖó kòkuì: v.to ridicule

ɖó kpé.....dzí: v.1.to certify 2.assure
3.guarantee

ɖó kplɔ̀: v.to feast

ɖó mò ná: v.have reaction

ɖó mɔ̃̀ ná: v.1.to trap 2.to ensnare

ɖó núxóé ɖí: v.1.save money
2.economize 3.put money aside 4.save
up

ɖó nɔ̀fé: v..1.establish 2.initiate
3.become established

ɖó núgbé: v.1.to plot 2.scheme
3.conspire

ɖó núkòmòè: v.be cheerful

ɖó nùwúfé: v.arrive at expiration

ɖó nyà......ŋú: v.1.to reply 2.answer
back

ɖó ŋkèkè: v.to make a date

ɖó ŋkɔ́: v.1.to surname 2.to nickname

ɖó ŋkú: v.1.to recognize 2.retrieve 3.to
remember

ɖó ŋkú.......dzí: v.1.to remember
2.recall 3.recollect

ɖó ŋkú nú: v.be tremendous

ɖó (......) ŋú: v.to reply 2.answer
3.respond 4.compare 5.liken 6.make a
comparism

ɖó séfé ná: v.1.regulate 2.control

ɖó stámpò.....dzi: v.to stamp a letter

ɖó tà: v.be distasteful to

ɖó tàmè: v.take a resolution

ɖó tó: v.1.listen to 2.listen in 3.hear

ɖó tó (mé....ò): v.to disobey

ɖó tsì : v.be wet

ɖó ʋ̌ : v.1.ship off 2.to take a vehicle

ɖó xàxá mè : v.to be in distress

ɖó xɔ̀: v.to lie down 2.retire

ɖó yà ná:v.1.smell 2.scent 3.sniff at

ɖó yàfàmɔ̀: v.to cool

ɖó......àbɔ̌: v.1.support 2.help

ɖó......ɖá : v.1.send 2.dispatch 3.forward
4.post 5.export 6.to accompany 7.escort
8.follow

ɖó......ɖé : v.1.send 2.dispatch 3.forward

ḍó......ḍé àfé : v.repatriate

ḍó......ḍé dùtà : v.1.export

ḍó......ḍé flì mè : v.align 2.range

ḍó......ḍé.....mè : v.1.escort 2.see off

ḍó......ḍé......nɔ̀èwó dzí : v.to
superimpose

ḍó......ḍé......ŋú : v.to line up

ḍó......gɔ̀mè ànyí : v.1.to establish 2.to
institute

ḍó......mè : v.1.enter 2.penetrate
3.permeate 4.get through 5.be clamped
in 6.withdraw 7.retreat 8.pull out

ḍó......nɔ̀èwó mè : v.be clamped

ḍó......nù : v.1.reach 2.attain 3.get at

ḍó......tsítrè : v.1.standing up 2.up-end

ḍó......wɔ̀: v.to express

ḍó......yì : v.see off 2.escort n.1.sender
2.shipper

ḍóḍí: n.stock (grain)

ḍòḍó : n.1.arrival 2.decision 3.decree
4.application 5.principle 6.settlement
7.regulation 8.resolution 9.order
10.command 11.prescription
12.requirement 13.ranking 14.provision
15.arrangement 16.constitution
17.organisation

ḍòḍó.......dzí : n.1.setting 2.adjustment
3.regulation

ḍòḍó ḍé flí dzí: n.1.alignment 2.range

ḍòḍó nènémá : adv.so such

ḍòḍódzèsì : n.1.matriculation
2.registration

ḍòḍódzímàwɔmàwɔ : n.indiscipline

ḍòḍóḍá : n.1.shipment 2.dispatch
3.expedition 4.conveyance
5.transportation 6.letter postage

ḍòḍóḍédùtà : n.1.exportation 2.export

ḍòḍoézìzì / ḍòḍuízìzì : n.silence
2.quietness

ḍòḍógbùgbɔwɔ : n. reorganization

ḍòḍómè : n.1.ranking 2.rating
3.standing

ḍòḍówɔlá :n.1.organizer 2.promoter
3.steward

ḍòḍuízìzì : n.1.silence 2.quietness

ḍòḍuízìzìtɔ̀è: adv. Silently

ḍóè ná......ḍókuí: v.to commit oneself

ḍŏfé: n.1.step 2.stage 3.grade 4.degree

ḍŏfékpɔ́kpɔ́: n.1.resolution 2.resolve
3.settlement

ɖógbàɖógbà : adj.prickly

ɖókuí: pronoun. oneself

ɖókuí (lè-sí) : adv.1.willingly
2.spontaneously

ɖŏkuíbɔbɔ: n.1.modesty 2.humility

ɖŏkuíbɔbɔtɔè: adv.humbly

ɖŏkuíɖóɖóɖédzǐ : n.1.pride 2.vanity

ɖŏkuíɖóɖóɖédzǐlá : adj.1.vain 2.proud
3.concieted

ɖŏkuídzíɖùɖù : n.resignation

ɖŏkuífiálá:n.1.vanity 2.show-off
3.boaster

ɖŏkuíkɔlá : n. Conceited person 2.
boastful person

ɖŏkuínùɖènyà :n.alibi

ɖŏkuínyè : pron. Myself

ɖŏkuíŋùdzèdzè :n.1.vanity 2.conceit
3.pride

ɖŏkuíŋùdzèlá :adj.pretentious
2.arrogant 3.proud 4.conceited

ɖókuǐsínɔnɔ: n.1.freedom 2.liberty
3.unrestraint

ɖŏkuítà ʋlìnyà : n.alibi

ɖókuǐtɔtrɔ : n.1.adaptation

ɖŏkuítɔdílá : n.selfish person

ɖókuǐtɔtsɔ (na) : n.1.loyalty 2.devotion

ɖŏkuíwò : pron. Yourself

ɖònù : n.vulva

ɖóŋùɖéŋú : adj.sincere 2.genuine
3.honest 4.reliable 5.responsible
6.thoughtful

ɖótó : adj.1.attentive 2.serious

ɖòvú :n.1.rag 2.dish cloth 3.wiper

ɖɔ: v.1.describe 2.depict 3.portray
4.demonstrate

ɖɔ: n.1.filet 2.fiber 3.string 4.tenderlion
5.trunk 6.horn 7.proboscis

ɖɔ lì : v.1.change 2.switch 3.alter
4.exchange 5.swap 6.replace
7.substitute

ɖɔ lì tsró : v.1.molt 2.crack 3.to molt

ɖɔ ŋù ɖó :v.1.to pay attention 2.be
careful 3.be tactful

ɖɔ........ɖé xɔmè :v.1.return 2.go in
3.get into 4.drive back 5.run into

ɖɔ........ɖó :v.1.arrange 2.fix 3.sort 4.to
repair 5.mend 6.restore

ɖɔ: v.1.be full 2.be flooded 3.to taste

ɖɔ àɖùɖɔ : v.to urinate

ɖɔ fò : v.be sated

ɖɔ........ɖó : v.1.correct 2.rectify

ɖɔ........kpɔ́ : v.1.try 2.attempt 3.test
4.to taste 5.savour

ɖɔdàlá : n.fisherman

ɖɔɖɔ́kpɔ́ : n.tasting

ɖɔɖɔ́ɖó : n.arrangement
2.understanding 3.settlement
4.correction 5.rectification

ɖɔkàdzíbɔ́lù : n.volley ball

ɖɔkítà : n.doctor

ɖɔlì ŋútí : v.to moult

ɖɔlì tèfé : v.be moved 2.shift

ɖɔlì tèfé ná : v.1.reverse 2.invert

ɖɔlì tsró : v.to moult

ɖɔlìɖɔlì : n.1.exchange 2.swap
3.interchange 4.dislocation 5.strain
6.sprain 7.twist

ɖɔmè : n.ridge 2.peak 3.summit 4.crown
5.tip 6.moutain peak

ɖɔ̀ŋkú : n.1.stitch 2.ladder

ɖù : v.1.eat 2.consume 3.feed on
4.devour 5.nibble 6.to chew 7.graze
8.snap 9.bite 10.win

11..gain 12.celebrate 13.ache 14.sting
15.prickle

ɖù : n.powder 2.dust

ɖù àɖǐ : v.be poisoned

ɖù àɖǔklí : v.grind 2.squeak 3.creak
4.rasp

ɖù àgbà : v.be in deficit 2.be bankrupt

ɖù àzà̌ : v.celebrate 2.feast

ɖù dzi : v.1.to prevail 2.reign
3.predominate 4.overcome 5.to qualify

ɖù dzó : v.bewitch 2.voodoo

ɖù gbě : v.graze

ɖù nú fiě : v.having dinner

ɖù nú kplé dzìdzɔ̀ : v.1.to feast 2.feast
oneself

ɖù píkìníkì : v.have a picnic

ɖù plàsì : v.1.joke 2.make fun of 3.laugh
4.tease 5.chatter

ɖù tù : v.to be competent

ɖù........dzí : v.1.to conquer 2.win 3.gain
4.get the better of 5.overcome 6.defeat
7.triumph 8.have majority 9.administer
10.govern 11.rule

ɖù........dókuǐ dzí : v.excel 2.surpass
3.to control oneself

ɖù........kplé fitɛ̀ : v.to file

ɖù........ŋú : v.gnaw 2.fret 3.nibble 4.eat up

ɖú........yè : v.to dance

ɖùɖɔ̀: n.1.filth 2.trash 3.scum 4.litter

ɖúɖɔ̀: v.1.to lick

ɖúɖɔ̀ nù (ná) : v.1.kiss 2.osculation 3.embrace 4.hug 5.cuddle

ɖúɖɔ̀ ŋútí : v.to lick oneself

ɖùɖù : n.1.consumption 2.sting 3.bite 4.tingle prickle 5.privilege

ɖùɖùà : adj. Edible

ɖùfé : n.1.privilege 2.favor

ɖùfékpɔ̀lá : n. privileged person

ɖùgò : n.powder compact

ɖùmú : n.gecko

ɖùsí mè : adv.to the right

ɖùʋùlɛ̀ : n.carnivorous 2.carnivorous animal

E

è- : pron. You

-è : pron.1.the 2.this 3.that

é : pron.1.it 2.he 3.her

-é nyé ési : adv of location . Here is
that 2.this is that 3.there's only

édzíédzí : adv.1.often 2.frequently
3.always 5.ever 6.constantly 7.forever
8.all along 9.fluently

Edzíptè : n. Egypt

éḍókuí ná : pron.1.himself 2.herself
3.themselves

èlikóptà : n.helicopter

émá : pron.1.it 2.that

énùmáké : adv.1.immediately 2.right
away 3.simultaneously

ési........kò (là) : adv.once 2.as soon as

ési........tà : conj.1.as 2.since 3.as
though 4.like this 5.like that

ésià : pron1.this 2.it 3.she

ésìmè (lè ké) : conj.1.or

évɔ̀à : conj.1.but 2.although 3.yet
4.however

éyá : pron.1.him 2.it her 3.he

éyé : conj.1.then 2.and

ɛ

ɛ̀, ɛ̀ɛ̀ : particle 1.yes adv.1.so 2.that
3.such 4.as

ɛ́ ʔ interj.1.what ? 2.which ?

ɛ̃̀ɛ̃̀ ɖé : adv.yes of course

ɛhɛ́ɛ̀ : adv. ah yes! 2.ah good!

ɛnfràrúzyì : n.infrared

ɛnfràrúzyìkéklɛ̃ : n.infrared ray

F̲

fà : v.1.deplore 2.bemoan 3.warble 5.croon 6.whisper

fà àvì : v.1.cry 2.weep 3.shed tears 4.sob

fà kònyí : v.complain 2.mourn 3.bewail

fá : v.1.being soft 2.mellow 3.relent 4.be fresh 5.to be cold 6.cool down 7.chill 8.freeze 9.frost 10.be ice 11.be passive

fá àkɔ́ ná : v.1.calm 2.quiet 3.soothe 4.tranquilize 5.ease 6.to console

fá dɔ́ ná : v.1.relieve 2.alleviate 3.ease 4.succor 5.salve

fá dzì ná : v.1.calm 2.quiet 3.soothe 4.tranquilize 5.ease 6.to console

fã̀ : n.1.viper 2.adder

fàà : adv.1.willingly 2.gladly 3.readily

fádà : n.1.priest 2.clergyman 3.presbyter 4.clergy

fàfà : n.1.complaint 2.lawsuit 3.moan 4.wail 5.groan 6.accusation 7.cooing

fàfà : n.1.cooling 2.chill 3.coolness 4.relief 5.alleviation 6.solace

fàfà : adj.1.fresh 2.crisp 3.lush 4.youthful 5.cordial 6.dewy 7.peaceful 8.quiet 9.calm 10.peaceable 11.untroubled

fáfɛ́ : adj.1.cold 2.chilly 3.cool

fàflà : n.1.flicker 2.wobbling 3.blinking 4.wavering 5.indecision

fè : n.1.debt 2.obligation 3.loan 4.score 5.claw 6.label 7.signature 8.talon 9.tag

fé : v.1.play 2.act 3.perform4.fight 5.battle 6.strive 7.joke 8.jest 9.split 10.cleave 11.slit 12.rip 13.to slice

fé : n.game 2.play 3.acting

fé dàmè : v.to skate

fé fé :v.1.to play 2.act 3.perform 4.play out

fèfé : n.game 2.play 3.fun 4.amusement 5.joke 6.pleasantry

féfé :n.1.strand 2.sprig 3.wisp 4.iota 5.twig 6.fiber 7.mite

fèféfé : n.game 2.play 3.acting

fèféfé : n.play field 2.play ground

fèféfé gbàdzà : n.1.stadium 2.sports ground 3.circus 4.stage

fèfékpótìtì : n.gambol 2.frolic 3.prance 4.leap 5.antic

fèfékpófé : n.1.theater 2.playhouse

fèfélá : n.play (football/basketball)

fèfénú : n.1.toy 2.plaything

fèfévídzì : n.1.doll 2.poppet 3.toy 4.dummy

fègbàlè : n.1.fracture 2.breaking

fésrè : n.window

fésrènùvó : n.curtain

fésrètí : n.window frame

fésrètùnù : n.1.flap 2.shutter

fètrí : n.okro

fètú : n.1.pay 2.wages 3.salary

fètúgbàlè :n.1.receipt 2.voucher

fètútú : n.1.payment 2.payoff 3.installment 4.reimbursement 5.refund 6.repayment

fètsú : n.fingernail 2.claw

fèxéḍòséḍígbàlè : n.1.receipt 2.chit 3.acknowledgment 4.voucher

fèxéxé : n.1.payment 2.settlement

fé : n.shoot

fi : v.1.steal 2.rob 3.snatch 4.kidnap

fi : n.1.theft 2.stealing 3.plunder 4.robbery

fi (.....) kpó : v.cheat

fi núwó : v.burgle

fi wò :v.1.defraud 2.fraud 3.cheat 4.skim

fià : n.1.king 2.chief 3.axe

fià : adj.1.majestic 2.regal 3.mighty 4.august 5.lordly

fiá : v.1.show 2.exhibit 3.point 4.teach 5.instruct 6.indicate 7.demonstrate 8.declare 9.report 10.locate 11.position 12.situate 13.scald 14.to look like 15.seem

fiá mó : v.1.guide 2.lead 3.direct 4.show the way

fiá tàḍófé :v.1.orientate 2.direct 3.orient 4.guide

fiá : v.1.press 2.squeeze 3.shove 4.hustle

fiá kàḍi : v.to burn a cinder 2.calcine

fiá nótsí ná : v. to milk

fiá́dù :n.capital of a country

fiáḍùfé :n.kingdom

fiáfi : n.1.thief 2.plunderer

fiáfiá : n.1.presentation 2.introduction

fiàfiá́ : n.burn

fiàfiábì : n.burn wound

fiàfitɔ́ : n.1.thief 2.robber 3.burglar

fiàkúkú : n.crown

fiálá : n.1.monitor 2.instructor

fiànyɔ́nù :n.queen

fiàsá :n.1.palace 2.presidency building

fiásé : n.1.shop 2.store 3.boutique

fiàví : n.prince

fiàzìkpuì : n.throne 2. stool

fidègbédèdè : n.poaching

fidóhá :n.1.cooperative 2.cooperation

fíḍá/fíḍágbè :n.Friday

fiè : v.1.boil 2.seethe 3.sparkle 4.sizzle 5.be melted 6.to itch

fiè (là̀me) : v.to itch the body

fiè ŋútí ná :v.1.to irritate the skin

fiè :n.1.monkey 2.ape

fièfiè :n.1.boiling 2.melting 3.itching 4.irritation

fièfiè : adj.1.boiling 2.scalding 3.scorching

fiɛ̀ : n.1.evening 2.dusk

fiɛ̀mè :n.evening 2.dusk

fiɛ̀núḍùḍù :n.dinner 2.supper

fifi : n.1.theft 2.robbery 3.looting 4.abduction 5.kidnapping

fífí : adj.1.current 2.present 3.existing 4.actual

fífí là̀à :adv.1.instantly 2.right now 3.right away 4.at once 5.immediately 6.as soon as possible 7.soon

fífiá : adv.1.presently 2.currently 3.now 4.at present / n.1.heat 2.warmth 3.sweat

fifikpɔ́ : n.cheat 2.cheating

fififi : n.1.theft 2.robbery 3.looting 4.abduction 5.kidnapping

filáò :n.thieves

fím : n.film

finyà mò /finyà ŋkúmè :v.1.wince 2.grimace 3.grin 4.pull a face

fítà : n.mechanic 2.mechanic engineer

fítὲ : n.1.lime 2.file

fizíkì : n.physique

flá : v.1.save 2.spare 3.economize 4.set apart

flἄ /frἄ :n.franc currency

flágà : n.pennant 2.flag

flì : v.1.cut out 2.cut up 3.crumble

flì : n.1.line 2.stroke 3.scratch 4.bar 5.strip 6.trail

flì kòtò :n.1.circle 2.ring 3.round 3.hoop

flì wluíwluí : v.cut into pieces

flì : v.1.crack 2.crackle 3.break up

flìtὲtὲ :n.1.crossing out 2.drawing lines

flìtὲtὲ ɖé........mὲ :n.1.deletion 2.cancellation 3.annulment

flìtὲtὲ mànyàmànyà :v.scribbling in disorder

flìtὲtí : n.rule /ruler

fló : v.1.take off 2.take down

flɔ́........nù : v.1.complete 2.round off

flù : v.1.fake 2.divert 3.baffle 4.distract 5.be dizzy 6.to be mistaken 7.go wrong 8.to delude 9.be puzzled 10.be delirious

flùkpὲ : adj.purple

fò :n.big brother

fòfò : n.1.flexibility 2.versatility 3.smoothness 4.nimbleness

fòfó : n.father 2.dad 3.papa

fòfóŋ : n.1.sugarcane

fòfóŋtsì : n.sugarcane juice

fótò : n.1.photo 2.photograph 3.portrait

fótò tàtsòtsò : n.ID photo

fótòɖèɖè :n.photography

fótòɖèlá : n.photographer

fótòɖèmɔ̀: n.camera

fɔ̀: v.1.to pick up 2.gather 3.mop up

fɔ̀ àgbà : v.to move

fɔ̀ kplɔ̀ : v. to clean the table after a meal

fɔ́: n.palm fiber

fɔ́.......dé xɔ̀mè : v.1.get in 2.go in 3.return

fɔ̃́: v.1.to wake up 2.get up 3.resurrect

fɔ́búbú :n.1.accusation 2.charge 3.sentence 4. Condemnation 5.conviction 6.indictment fɔfɔ: n.1.collecting 2.collection 3.gathering

fɔfɔ́: n.1.release 2.outbreak 3.launching4. Opening 5.uprising 6.rising 7.uplift 8.discovery 9.detection

fɔfɔ́: n.reawakening

fɔmízì : n.rabbit

fɔŋlì : n.dawn 2.daybreak 3.dusk 4.twilight

frá : n.franc

Frás : n.France

fràsé : n.French

Fràsé , Fràsé-ŋútsù , Fràsé-ví (pl): n.1. French man 2. French men

Fràsé-nyɔ́nù : n. French woman

fràségbè : n. French language

fù : v.being white 2.whitewash 3.whiten

fù : n.1.trouble 2.pain 3.sorrow 4.grief 5.hassle 6.difficulty 7.bereavement 8.mourning

fù yíé : v.being white

fú : n.1.hair 2.bristle 3.fur 4.feather 5.plumage

fú mò :v.to wash the face

fùdódó : n.1.torture 2.agony 3.ordeal 4.anguish 5.misery 6.scourge

fùḍèḍè : n.1.inconvenience 2.disturbance 3.disruption 4.trouble 5.nuisance 6.problem

fùflù : n.1.illusion 2.delusion

fùflù : adj.1.fool 2.silly 3.stupid 4.foolish 5. Goofy

fùflùtɔè : adj.delirious

fùfɔyì : n.pregnancy

fùfù : n.fufu / n.whiteness

fùkókó : n.shearing

fùkpékpé : n.1.torture 2.agony 3.ordeal 4.anguish 5.misery 6.scourge

Fúlàní : n.peul (a family language of the fulani in West Africa)

fùně : n.funnel

fùtɔ́ : n.1.opponent 2.adversary 3.enemy

fùtùfùtù : n.chip

fútúkpɔ́ : n.1.foam 2.mousse 3.lather 4.bubble

fùwɔwɔ (àmè) : n.1.torment 2.agony 3.intense suffering 4.ordeal 5.anguish 6.torture

Ƒ

fà : v.1.sow 2.cultivate 3.grow 4.farm 5.produce 6.belch 7.burp

fà : n.1.dregs 2.lees 3.sediment

fà gèè : v.1.belch 2.burp

fàfà : v.1.to infect 2.fester

fàfã̀ : n.1.infection 2.taint

fànònò : n.1.snoring 2.snore

fè : n.1.year 2.age

fè yéyě gbè : n. New year greeting

fè : prep.1.of 2.to 3.from 4.by 5.with 6.at 7.out of 8.off

fèdàdà : n.fishing line

fèdàfé : n.place of fishing 2.fishing

fèdàlá : n.fisherman

féfléluí : n.turtledove

fényíkúkú : n.1.fainting 2.consciousnesses 3.blackout

fèsì : n.1.annual fair 2.annual march

fí : n.1.antelope 2.doe 3.deer 4.hind

flè : v.1.buy 2.acquire 3.pay

flè àsì : v.to shop

flè.......dà ɖí : v.1.stock up 2.supply

flè.........vá : v.import

flèkáflètɔ́ : n.1.broker 2.junk dealer

flɔ́ : v.1.scratch 2.scrap e 3.shave 4.to shave

flɔ́ ɖi lè.........ŋú : v.to take dirt of something

fò : n.1.stomach 2.tummy 3.belly 4.millet 5.canary-seed

fò (àme) (dzìdzì) : v.1.have the jitters 2.have butterfly in the stomach 3.have stage fright

fò (kpé) : v.have a cold

fò (sò) : v.have aches

fò àmì : v.1.soak oil 2.grease 3.lubricate 4.oil

fò àfɔ ɖé........mè : v.1.trample on 2.mark time

fò àsà ná : v.1.save 2.spare 3.economize 4.set apart

fò àsíkpé : v.1.applaud 2.cheer 3.acclaim

fò àvě : v.deforest

fò àyí : v.to ride

fò bà : v.being muddy

fò ɖé........dzí : v.1.overwhelm 2.overpower 3.oppress 4.overburden 5.weigh down

fò ɖětsì : v.to prepare soup

fò dzátsì ɖí : v.make libation

fò ɖà : v.to braid one's hair

fò ɖé........dzí : v.1.overwhelm 2.overpower 3.oppress 4.overburden 5.weigh down

fò dǐ : v.1.to soil 2.tarnish 3.make dirty 4.mess up 5.to be dirty

fò (létríkì) : v.to electrocute

fò fú : v.1.assemble 2.put together 3.to group 5.gather 6.bring together 7.accumulate 8.heap up

fò kà : v.1.to phone 2.to ring

fò kòkó ná : v.1.to beg 2.entreat 3.implore 4.plead 5.beseech 6.supplicate

fò kpàkpàkpà : v.to shiver

fò kpé : v.to have a cold

fò kpò : v.to knock out

fò kpò ná : v.1.to stumble 2.to trip

fò mèfí ná : v.1.to spank 2.whack

fò mlá : v.1.to invoke 2.refer to 3.adduce

fò mɔ̀ : v.1.to type 2.type out

fò nù : v.1.to speak 2.talk 3.converse 4.have a discourse 5.speak with 6.chat

fò nù (tsó......ŋú) : v.to make a presentation on

fò nù sè : v.establish a contract

fò nùkpóluí : v.1.chatter 2.talk 3.chat 4.babble 5.gossip 6.tattle

fò nyà tà : v.1.to conclude 2.draw conclusion 3.wrap up 4.round off 5.sign 6.seal

fò sé : v.to flower

fò sò : v.to ache

fò suè : n.1.millet 2.canary seed

fò té : v.1.heap 2.pile up 3.steady 4.tighten 5.bind 6.to store 7.get ready 8.arrange

fò tó ná : v.to hem

fò tómè : v.1.slap 2.smack

fò tɔ́ gàfò : v.blowing in gusts

fò tsì : v.to be damp 2.be quenched 3.be wet

fò ʋǔ : v.to drum 2.to play drum

fò ʋùʋùdédí : v.to be dusty

fò xlǎ : v.1.surround 2.enclose 3.encompass 4.encircle 5.get around 6.circle 7.turn around 8.make a detour 9.make a circle around

fò........ ɖé.......mè : v.1.thrust 2.plunge 3.press in 4.push 5.sink in

fò......dókuì fú : v.1.pile up 2.crowd 3.pack 4.jam 5.squash 6.pile

fò......fú ànyí : v.1.to put in 2.to pile on 3.lay down 4.pull on

fò...... kplé kpò : v.to club

fò...... nɔèwó : v.1.to fight 2.come to blows 3.battle 4.strive

fò...... nù fú : v.1.group 2.regroup 3.gather 4.assemble

fò......zù gbàdzàà : v.1.flatten 2.press out 3.beat flat

fòkà : adj.1.foolish 2.stupid 3.silly 4.witless

fòàtífòàtí : n.1.peak 2.pinnacle 3.pick axe 4.wood pecker

fòdò : n.1.stomach 2.belly 3.tummy

fòdǐ : adj.1.dirty 2.nasty 3.unclean 4.messy 5.untidy

fòɖíɖí : n.satisfaction

fòɖɔ́ɖɔ́ : n.satisfaction

foé : n.1.little sister 2.younger sister 3.female cousin

fòfé : n.1.keyboard 2.keypad

fòfò : n.1.strike 2.hitting 3.beating 4.ringing /n.1.hatching 2.trembling 3.shaking 4.tremor 5.wobbling

fòfòɖénù : n.1.extension 2.overtime 3.stretching 4.prolongation

fòfòsè : n.1.contract 2.agreement 3.deal 4.lease 5.covenant

fòfú : v.1.amass 2.accumulate 3.heap up 4.stack

fòfú : n.the total 2.collection

fòkàtsá : n.millet porridge

fòmè : n.family 2.race

fòmèdódó : n.affiliation

fòmèví : n.species 2.kind of 3.type of 4.a variety of 5.category of

fɔ : v.1.mop up 2.sponge 3.soak 4.wipe up

fɔflɔ : n.1.scraping 2.strum

ɔ̀fɔ̀ : n.eructation

fù : v.1.dry out 2.dry 3.wither 4.wilt
5.wither away 6.drain 7.evaporate

fú : n.bone

fú : n.1.sea 2.hook 3.fish hook

fú àfɔ̀ ànyí : v.stamp one's feet

fú dù : v.run 2.race 3.rush 4.be rapid
5.gallop

fú.........dù sésié ɖé dzǐ wú
:v.1.accelerate 2.speed up 3.hasten
4.quicken 5.step on it

fú dù vá : v.hastening

fú (......) gbě : v.throw away 2.discard
3.throw out

fú tà ŋú : v.1.lay hold on 2.snatch
3.take over 4.seize

fú tsì : v.swim

fú vé mè : v.thirsty

fú.......ànyí : v.crush 2.strike down
3.strike

fúdzí dɔ́wɔ̀lá : n.1.marine 2.sailor
3.seaman 3.seafarer 4.navigator

fùflú : adj.1.empty 2.vacant 3.blank
4.hallow

fúfòfé : n.reunion

fúfòfò : n.1.assembly 2.collection
3.community 4.combination 5.meeting

fùfú : n.1.drying out 2.driers 3.drying

fúfú : adj.1.dry 2.dried 3.lean 4.arid
5.lifeless

fùfuímè : n.dry season

fuí : n.1.little sister 2.younger sister
3.female cousin

fùkpéfé : n.1.joint 2.knuckle

fùmèkloé : n.sea turtle

fùmèkpó : n.island

fùtà : n.shoreline 2.coastline 3.seaboard
4.shore 5.beach 6.seashore 7.beach

fùtà : n.maritime

fútómèmì : n.marrow 2.pith

fùtsótsoé : n.1.flood 2.stream

fúwó : n.bones

G

gà : v .weed

gà : n.1.iron 2.arrowhead 3.metal 4.ore/
n.1.bell 2.hour 3.time/
n.1.prison/n.1.money 2.silver 3.receipts
4.credit 5.credence

gà : adv.1.again 2.once again 3.anew

gà ǎ ̣déwó mè : adv.sometimes

gà bí ̣duí ̣ : n.1.hallmark 2.stamp
3.pattern 4.punch

gà gbàgbà / gà suè : n.change 2.coins

gà wuí ̣èvè : n.1.midday 2.noon
3.noonday

gà wluí ̣wluí ̣ : n.coins 2.change

gà.......ké : adv.again 2.still 3.yet 4.even
5.furthermore 6.over

gã̌ : adj.1.big 2.wide 3.great 4.large 5.fat
6.important 7.significant 8.major
9.celebrated 10.popular 11.renowned
12.famous

gàblá.........nù : v.reconnect

gàbɔbɔ : v.1.calm down 2.come around

gàdàḍókuí ̣ : n.1.spring 2.resilience

gàdòkpó : n.1.furnace 2.stove
3.barbecue

gàḍákàví ̣ : n.1.piggy bank 2.moneybox

gàdé àgbà : v.1.recharge 2.reload

gàdé àmà : v.greening

gàdé yà : v.re inflate

gàdó àtíwó : v.1.reforest 2.afforest

gàdó gò : v.to see each other

gàdódó : v.to loan money 2.loan

gàdókpó : n.1.furnace 2.stove
3.barbecue

gàdzà : n.1.grilling 2.roasting 3.toasting
4.wiring

gàdzàdzràḍó : n.1.economics 2.saving
3.economy 4.thrift

gàdzàkpɔ : n.1.grilling 2.roasting
3.toasting 4.wiring

gàdzé : v.reappear

gàdzè égɔ̀mè : v.1.restart 2.resume
3.start again

gàdzíkpɔ́lá : n.1.steward 2.bursar
3.treasurer

gàdzó : v.1.restart 2.go on 3.start off
again 4.retort

gàdzɔ̀ : v.1.straighten 2.rectify
3.straighten out 4.straighten up

gàdzɔ̀ ké : v.1.occur 2.happen 3.take
place

gàdzɔ̀dzɔ̀ : n.1.subscription
2.membership fee

gàdzɔ̀lá : n.collector

gàdzràɖó : n.1.economics 2.saving

gàdzràɖófé : n.bank

gàɖákà : n.1.canteen 2.cafeteria

gàɖóɖó : n.1.publication 2.publishing
3.issue 4.braying

gàfiá : v.show again

gàflò : n.fork

gàfɔ́ : v.revive 2.rebound 3.reflate
4.recover

gàfò sé : v.bloom again 2.flourish again

gàfòɖǒkuí : n.1.watch 2.clock 3.alarm
clock

gàfòɖǒkuídzràɖófé : n.watchmaking
workshop

gàfòɖǒkuídzràɖólá : n.watchmaker

gàfòɖókuĭdzràfè : n.watchmaking store

gàfòfò : n.1.hour 2.time 3.bell

gàgà : n.weeding

gàglá : n.1.assembly 2.mounting
3.consolidation 4.strengthening
5.establishment

gàgò : n.1.tank 2.tub 3.drum 4.water
bottle

gàgoè : n.1.drum 2.goblet 3.tumbler
4.mug

gàgɔ́dɔ̃́ : n.galette

gàgbè : n.1.clatter 2.utensil

gàgbèdé : n.black-smith

gàgblɔ̀ : v.1.repeat 2.reiterate 3.run
through

gàgbɔ̀ àgbè : v.1.be reborn 2.come alive

gàgbùgbɔ̀ tó : v.1.repel 2.repulse 3.fend
off 4.fend

gàgbùgbɔ̀........trɔ̀ : v.to reverse

gàɣáɣlá : n.1.economics 2.economy
3.saving

gàkà : n.1.cable 2.rope 3.wire

gàkáká : n.1.credit 2.credence 3.tick

gàké : conj.1.but 2.although 3.yet 4.however / adv.1.nevertheless 2.nonetheless 3.all the same

gàké......koè : adv.1.still 2.anyway 3.nevertheless 4.nonetheless 5.even though 6.though 7.even if 8.regardless

gàkòtòkú : n.purse 2.wallet

gàkòtòkúvɩ́ : n.1.wallet 2.purse 3.change purse

gàkùfé : n.ore

gàkúkú : n.1.helmet 2.headpiece 3.tin hat

gàkpèkpèḍéŋú : n.1.grant 2.scholarship 3.support 4.subsidy 5.subsidization

gàkpò : n.rail 2.track

gàkpòmɔ́ : n.1.track 2.railway 3.railroad

gàkpɔ́ : v.1.recover 2.retrieve 3.track down 4.trace

gàkpɔ́ : n.1.jail 2.prison

gàkpɔ́ àgbè : v.1.come alive 2.be reborn

gàlégà : n.magnet

gàlénú : n.vice

gàlɩ́ : n.gari

gàliá : v.1.ascend 2.ride up 3.reassemble

gámá : adv.1.over there 2.under there 3.there 4.thereat

gàme : n.1.clock 2.time 3.prison

gàmé (ḍé......dzɩ́): adv.on time

gàmè sù (ná) : v.be on time

gàmèdzɩ́mànɔ̀ : n.1.inaccuracy 2.inexactness

gàmènɔ̀lá : n.prisoner

gàmiè : v.1.repel 2.repulse 3.put off 3.fend of

gànà : n.1.hyena 2.bear

gàná : v.1.restore 2.give back 3.give again

gànú : n.1.bowl 2.basin 3.pan 4.bucket 5.pail 6.scuttle

gànúmèlà̀ : n.canned meat/ canned fish

gànúwó : n.1.scrap 2.scrap metal 3.junk 4.old iron

gányényé : n.1.majesty 2.grandeur 3.lordliness

gàŋkúɩ́ : n.1.spectacles 2.barnacles 3.glasses 4.telescope

gàŋkúɩ́dzrálá : n.1.optician

gàŋlɔ́ : v.1.fold up 2.bend over

gàŋútété : n.1.funds 2.money 3.equity 4.provision 5.bankroll

gàsé dé dzĭ : v.1.redouble 2.increase 3.reduplicate

gàsè àgbè lè làmè : v.1.relive 2.come alive 3.be reborn

gàsì dé......mè : v.1.repaint 2.redecorate

gàsɔ́ : n.bicycle

gàtàgbàdzɛ̆ : n.nail

gàtàgbàdzɛ̆trónú : n.screwdriver

gàtì kpó : v.1.bounce 2.rebound 3.start up

gàtó : v.regrow

gàtɔ́ : n.rich person

gàtré : v.to weld

gàtrélá : n.welder

gàtrɔ́ : v.become again

gàtrɔ́ gbɔ́ ná (dɔ̀) : v.have a relapse

gàtrɔ́ vá yì : v.1.go over 2.play back 3.run over

gàtsí : n.spoon

gàtsí′ꜰli : n.1.sea shell 2.shell

gàtsɔ́ : v.1.resume 2.take back 3.get back

gàtsɔ́ ꜰià : v.show again

gàtsɔ́......dzó : v.1.win 2.obtain 3.carry

gàtsyálá: n.welder

gàtsyátsyá : n.welder

gàtú : v.1.reseal 2.plug

gàtúlá : n.black-smith

gàvà émè : v.to recur

gàví : n.wire

gàwɔ̀ dɔ̆ : v.serve again

gàwú : n.rake

gàxéxé : n.1.recovery 2.retrieval

gàxlɛ̆ : v.1.read over 2.read back

gàxɔ̀ : n.1.prison 2.jail

gàxɔ̀gbàlɛ̆ : n.cheque book

gàxɔ̀gbàlɛ̆bàblà : n.checkbook

gàxɔ̀lá : n.1.recipient 2.receiver

gàxɔ̀mènɔ̀lá : n.1.prisoner 2.detainee 3.inmate

gàyì àlɔ̆ mè : v.go back to sleep

gàzázá : n.1.expenditure 2.expense

gàzé : n.1.pan 2.saucepan 3.pot
4.casserole

gàzì : n.1.money 2.currency 3.coins
4.change 5.token

gé : v.1.fall 2.fall down 3.drop 4.fail
5.defeat 6.break down 7.eliminate
8.exclude 9.get rid off

gé ɖé làmè : v.1.captivate 2.engross
3.fascinate 4.enthrall

gé ɖé.........mè : v.1.enter 2.come in
3.get in 4.go in 5.penetrate

gé tsó.......dzí : v.to tumble down

gèdídí : n.1.provocation 2.incitement

gèdílá : n.challenger 2.quarrelsome
person

gèɖè : adj.1.several 2.various 3.diverse

gèɖèwó : adj.many

gègé : n.1.failure 2.defeat 3.setback

gègé tsó........dzí : n.a plunge

gègéɖélàmè : n.1.captivation
2.enthrallment

gègéɖémè : n.1.penetration
2.permeation

gègèlá : n.loser

gélèsòsí : n.albino

gènɔ : n.bearded man

Gǎnà : Ghana

gìdìgbám :n.1.guinea pig

gìdìgìdì : n.1.noise 2.riptide
3.turbulence

gìglì : adj.1.slovenly

gìglí : n.jiggling

glá : v.1.consolidate 2.build 3.fasten
4.brace 5.boost

glá.......kpɔ : v.1.try 2.attempt 3.test
4.give it a whirl 5.try on

glàfú : n.jaw

glàgɔmè : n.chin

glàmàfónù / glàmàfólù : n.1.record
player

glàmàglàmà : adj.1.in zigzag 2.twisting

glàŋgó / glàŋgoé : n.cap

glè : n.1.viper 2.adder

glì : n.1.wall 2.bulwark

glì..........dó : v.1.miss 2.fail 3.bungle
4.misfire

glì gbàgbà : n.1.ruin 2.doom 3.perdition
4.wreck 5.undoing

glì kɔ́kɔ́ : n.high wall

glí : v.1.writhe 2.to bend 3.wander
4.deviate 5.deflect 6.skew 7.veer
8.unbalance 9.wobble 10.loose

glí : n.1.tale 2.story

glì dzítí : n.1.beam 2.timber 3.girder
4.yarn-beam 5.stringer

glì ḍódɔ́wó : n.masonry

glì ḍóḍó : n.masonry

glì ḍógàtsí : n.trowel

glì ḍólá : n.1.mason 2.bricklayer

glì ŋúgàfòḍǒkuí : n.1.pendulum 2.clock

glì ŋúwɔ́tsì : n.1.pendulum 2.clock

glítólá : n.1.storyteller 2.tale teller

glù : v.cultivate rice

gò : n.1.gourd 2.calabash 3.shell 4.case
5.tank 6.reservoir 7.suction cup

gò : n.1.shore 2.seashore
3.neighborhood 4.vicinity 5.locality

gǒ : n.1.case 2.circumstance 3.event

gǒ (lè-ḍèsiáḍe mè) : adv.1.anyway 2.in
any case 3.anyhow 4. At most

gǒ sià mè (lè-)/ gǒ má mè (lè) :
adv.1.in that event 2.in that case

gòbà : adj.1.arched 2.curve

gòdéví : n.underpants

gòdò : n.1.a turn 2.tower

gòdò : prep.1.apart from 2.besides
3.outside

gòdódó : n.1.meeting 2.encounter 3.get
together 4.conference
5.reunion/n.1.clash 2.collision
3.concussion 4.percussion

gǒdòdò : n.1.exit 2.outing 3.meeting

gòdófé : n.1.intersection/
n.1.appointment 2.meeting

gódóó : adv.1.usually 2.generally
3.mostly 4.in general 5.popularly
6.necessarily 7.hardly 8.naturally
9.surely 10.certainly 11.inevitably

gòduí / gòduíví : n.underpants 2.pants

gódzí : n.side

gódzí : prep. In the direction of

gódzí (le...) : v.around 2.in the vicinity of

góḍò /górò : n.cola nut

góḍòtí /góròtí : n.cola nut tree

goè : n.1.gourd 2.calabash 3.case

gòglò : v.1.be deep 2.deepen

gòglò : n.deepening

gòglò : adj.1.deep 2.profound 3.inward 4.inner

gòglòfé : n.1.corner 2.nook

gòglòmè : n.1.depth 2.deepness 3.hollowness 4.profundity

gòglòmì : n.1.somersault 2.tumble

gògó : n.1.approach 2.coming 3.oncoming

gógó : v.1.come closer 2.be near

gólmènɔ̀lá : n.goalkeeper

gŏmà : n.1.glue 2.adhesive 3.paste 4.gum

gómè (lè......) : v.in case of

gŏmèkàɖí : n.1.flashlight 2.torch

gŏmèkàɖígbɛ : n.hurricane lamp

gómèkpɔ́kpɔ́ : n.1.involvement 2.participation 3.contribution

gómèkpɔ́lá : n.participant

góŋgóŋ : adv.hermetically

góŋgóŋ (lè) : v.be hermetic

góŋgóŋgóŋ : adv.hermetically

gŏŋú : n.1.shore 2.seashore

górò : cola nut

góròtí : cola nut tree

gŏsìmítì : n.jeweler

gòví : n.gourd

gŏwó (lè-kátá mè) : v.tarnish 2.blemish 3.stain

gɔ̀ : adj.1.dull 2.dim

gɔ̀lì : v.1.burp 2.belch

gɔ̀mè : n.1.bottom 2.foot 3.grounding 4.foundation 5.background 6.depth 7.bosom 8.underneath 9.basement 10.cellar 11.meaning

gɔ̀mè : prep.1.under 2.below 3.underneath

gɔ̀mèdzèdzè : n.1.beginning 2.commencement 3.starting 4.inception 5.onset 6.debut

gɔ̀mèdzèfé : n.1.onset 2.inception 3.beginning 4.start

gɔ̀mèdzègbàlɛ̃̀ : n.syllabus

gɔ̀mèdzèklásè : n.preparatory course

gɔ̀mèdzèlá : n.1.beginner 2.novice 3.junior

gɔ̀mèdzèsùkú : n.1.elementary school 2.primary school

gɔ̀mèdzètɔ̀ : adj.1.elementary 2.basic

gɔ̀mèɖèɖè : n.1.meaning 2.significance
3.definition

gɔ̀mèɖóɖó : n.1.foundation
2.establishment 3.bedrock

gɔ̀mènɔ̀lá : n.1.deputy 2.junior

gɔ̀mèsèsè : n.1.reason 2.purpose
3.justification 4.motive 5.meaning
6.significance

gɔ́tà : n.1.channel 2.gutter 3.ditch

grám : n.1.gram 2.ounce

gràmòfónù : n.record player

grànítò : n.granite

gú : v.1.lose 2.waste 3.squander
4.collapse

gú.......nù : v.1.cancel 2.annul 3.nullify
4.undo 5.invalidate

gùdá : v.1.remove 2.abolish 3.eradicate
4.eliminate 5.cancel

gùdù : v.1.plough 2.plow 3.dig

gùgú : n.1.waste 2.lose 3.doom
4.inconvenience 5.drawback

gùgúlá : n.underdog

gùmè : n.1.subsoil 2.basement 3.cellar

gùmèkétékè : n.1.subway
2.underground 3.train

gùmètákuí : n.ginger

gùmètíkpò : n.1.stump 2.stock 3.stub

gùmètú : n.1.mine 2.charge 3.load
4.burden 5.explosive

gúmì: n.1.eraser 2.rubber 3.gum

GB

gbà : v.to break 2.shatter 3.smash
4.crack 5.destroy 6.tear down 7.break
down 8.pull to pieces 9.to crash 10.to
collapse 11.fall down

gbà dè : v.1.defraud 2.skim 3.cheat

gbà gà : v.to change money

gbà gǒ : v.1.overfill 2.overflow 3.brim
over 4.outflank 5.overwhelm 6.flood
submerge

gbà làmè ná : v.1.to exhaust 2.wear
out 3.weary 4.drain 5.fatigue 6.overdo

gbà làmè ná (àmè) : v.1.to exhaust
oneself 2.to overwork oneself

gbà tà.......kplé kpò : v.to club

gbà ŋkú : v.be blind

gbà.........kplé ɖù múmu : v.1.to mine
2.undermine 3.undercut

gbá : v.1.eliminate 2.remove 3.get rid
off 4.weed out 5.cancel 6.exclude

gbá (ɖé.......ŋú) : v.to elbow

gbá : v.1.to bawl 2.roar 3.scream
4.vociferate

gbá gbɔ̀: adv.1.first of all 2.foremost

gbàdágbà : n.1.constable 2.gendarme
3.policeman

gbàdágbàwó dɔ́wɔ̀fé : n.police station

gbàdzà : adj.1.large 2.wide 3.broad
4.expanded 5.extensive

gbàdzàà (lè/nɔ̀) : v.1.be large 2.be
extended 3.be infinite

gbàdzàmè : n.1.vacuum 2.void 3.space
4.gap 5.vacancy 6.empty space

gbàdzàdzí : n.1.gallery 2.tunnel 3.arcade

gbàdégbè : n.past

gbàdégbè (lè-) : adv.1.formerly 2.long ago

gbàdégbè ŋútínyà : n.prehistoric

Gbàgà : n.lake Togo

gbàgbà : v.1.spread 2.flow 3.spill 4.be widespread 5.outspread

gbàgbà : n.1.demolition 2.breakdown 3.crushing 4.grinding 5.mashing 6.wreck 7.lightning

gbàgbà : adj.1.dilapidated 2.broken 3.tumbledown 4.hoarse 5.husky 6.screechy

gbàgbà dé........dzí : v.1.overwhelm 2.submerge 3.flood

gbàgbà kɔ dí : v..1.spread 2.flow 3.spill 4.be widespread 5.outspread

gbàgbá : n.1.holler 2.howl 3.howling 4.yell

gbàgbàdɔ: n.paralysis 2.palsy

gbàgbɛ : n.1.breakage 2.breaking 3.shard 4.end 5.piece 6.tail end 7.morsel

gbàgbɛ : v.impress

gbàgblàdzè : n.cockroach

gbàgblàvè : n.1.fork 2.crotch 3.crutch

gbàɣí : n.measles 2.rubella 3.German measles

gbànyàà (wɔ/nɔ/lè) : v.be flat nose

gbànyɛ : adj.flat

gbátɔ: adj.1.first 2.top 3.preliminary 4.primitive 5.primal

gbè : v.1.pluck 2.collect 3.resonate 4.sound 5.clatter 6.echo

gbè : n.1.day 2.date/n.1.voice 2.call 3.sound 4.tone 5.noise 6.clatter/n.1.language 2.tongue 3.speech/n.1.time

gbè (évá émè dèká) : n.once upon a time

gbè (dèká) : adv.unanimously

gbè évá émè ḍèká : adv.once upon a time

gbè bàḍà : n.jargon 2.gibberish 3.gobbledygook

gbè........kplé kpò lègbè : v.to sap

gbè víví : n.1.melody 2.tune

gbě : n.1.grass 2.herb 3.weed

gbě (mɔ́lì) : n.wreath

gbě dàdà : n.1.infusion

gbé : v.1.refuse 2.decline 3.reject 4.turn down 5.repudiate 6.neglect

gbé (ná........bé) : v.1.prohibit 2.ban 3.forbid 4.debar 5.outlaw 6.interdict

gbé (bé........ò) : v.1.renounce 2.relinquish 3.give up 4.withdraw 5.quit 6.cancel

gbé dǒ : v.to go on strike

gbé srɔ̀ : v.to divorce

gbé........nàná : v.1.deprive 2.deny 3.starve 4.abridge

gbédé : n.black-smith

gbédéàsí : n.1.message 2.writing

gbédéàsítsɔ́lá : n.messenger

gbédódó : v.greeting

gbédódódá : n.1.prayer 2.entreaty

gbédónámè : n.1.greeting 2.salutation

gbédóxɔ̀: n.1.church 2.chapel 3.temple

gbédóxɔ̀dzíkpɔ́lá : n.sacristan

gbědrò : n.grass-snake

gbědzí : n.1.pasture 2.grassland

gbědzíyìlá : n.1.adventurer 2.tinhorn

gběḍàḍà : n.decoction

gbèḍé : adv.1.never 2.not at all

gbèḍéḍé : n.1.command 2.order

gbèḍéḍé (gà......fé) : n.1.clatter 2.rattle 3.jingle

gbèḍèkádɔ́wɔ̀lá : n.day laborer

gbèḍóànyí : n.1.appointment 2.meeting

gbèḍóḍí /gbèḍóḍó : n.1.appointment

2.meeting

gbè ḍùḍɔ: n.1.filth 2.trash 3.litter

gbě ḍùlá : n.herbivore

gbě fi : n.bush rat

gbè fá ḍèḍè : n.1.announcement

2.advertisement 3.notice 4.notification

6.declaration

gbè fá ḍèmɔ : n.1.radio 2.radio set

gbě gádzí : n.desert

gbègbè : n.picking

gbègbé : n.1.rejection 2.denial

3.renunciation

gbě gbè : n.1.steppe 2.desert

gbègblé : n.1.destruction 2.eradication

3.mayhem 4.extermination 5.havoc

6.shambles 7.derangement

gbégblé : adj.1.spoilt 2.bad 3.nasty

4.perverse 5.unpleasant

gbègblédí : n.desertion

gbě hà : n.warthog 2.boar

gbě hàví : n.young boar

gbě kɔḍɔfé : n.1.refuse 2.refuse damp

3.dumping ground

gbě kuí : n.growing weeds

gbě lɔfé : n.1.refuse 2.refuse damp

3.dumping ground

gbě lɔnú : n.1.trash can 2.dustbin

3.garbage can

gbě mè : n.1.bush 2.jungle

gbě mè : adj.1savage 2.wild 3.untamed

4.uncivilized

gbě mèkà : n.creeping plant

gbě mèlâ : n.animal

gbě mèmɔ : n.1.footpath 2.pathway

3.path 4.trail

gbě mètɔ: adj.1.rustic 2.yokelish

3.countrified

gbě múmu : adj.green

---

gbèŋtínúnyálá : n.1.linguist 2.lingual

gbèŋtísé : n.grammar

gbĕsè : n.lynx

gbèsèlá : n.interpreter

gbèsètó : n.interpreter

gbèsètólá : n.interpreter

gbèsiágbè : adv.1.daily 2.every day
3.always 4.constantly

gbèsiágbètɔ̀: adv.1.polyglot 2.daily
3.every day

gbèsɔ̀sɔ̀ : n.unanimity

gbĕtàkpɔ́lá : n.1.scout 2.boy scout

gbètè : n.wolf

gbètédédzí : n.1.insistence 2.stress
3.urgency

gbètètè : n.1.roaring 2.yelling 3.blast

gbètètèdédzí : n.1.insistence 2.stress
3.urgency

gbĕtsì : n. An infusion of dried
leaves or flowers

gbĕtsòtsò : n.1.bet 2.gamble 3.betting
4.stake

gbĕvú/gbĕvúví : n.1.thug 2.hooligan
3.gangster 4.rascal

gbĕwó : n.vegetation

gbĕwɔ̀lá : n.herbalist

gbĕyèdí : n.wild date

gbǐ : n.buttocks

gbìdì : v.1.trample on 2.mark time

gbídígbídí : adv.1.absolutely 2.definitely
3.completely 4.positively

gbídíí : adv.1.definitely 2.finally 3.once
and for all

gbǐmè : n.buttocks

gblà : v.1.mow 2.reap 3.nobble

gblé : v.1.spoil 2.ruin 3.mess up

4.damage 5.wreck 6.be false 7.destroy

8.lay waste 9.damage 10.be defective

11.be inoperative 12.pamper 13.mar

14.harm 15.wreck havoc 16.ravage

17.disrupt 18.sabotage

gblé (làmè) : v.to faint 2.to be sick

gblé (dòmè) : v.1.to interfere 2.to come

between

gblé nú (lè.........ŋú) : v.cause damage

2.cause harm

gblé tǎmè na.........ɖókuì : v.to be on

drugs

gblé.........ɖí : v.1.to abandon 2.leave

3.give up 4.neglect

gblé.........ɖí dzó : v.to desert

gblé........mè : v.1.to disorganize 2.to

dislocate

gblé........nú : v.1.to waste 2.squander

3.ruin 4.wreck

gblɔ̀: v.1.to say 2.tell

3.speak 4.recount 5.describe 6.depict

7.to quote 8.deal with a case

gblɔ̀ ɖà ɖí : v.1.to predict 2.prophesy

3.divine 4.foretell

gblɔ̀ dzùnya : v.swear

gblɔ̀ ɖí : v.1.to predict 2.prophesy

3.divine 4.foretell

gblɔ̀ Máwúnyà : v.to preach

gblɔ̀ nyà : v.to state a fact

gblɔ̀ nyà fùflù : v.to rave

gblɔ̀ nyà gá : v.to swear

gblɔ̀ nyà ná àmè : v.to speak on one's

behalf

gblɔ̀ nyà tútútú : v.to adjudicate

gblɔ̀ nyà tútúútú : v.to specify 2.point

out 3.make clear 4.pinpoint 5.define

gblɔ̀è : adj.low

gblɔ̀ètɔ̀ : adj.1.humble 2.lowly 3.meek

gbó : v.to swear

gbòdò : adj.1.turbulent 2.unruly

gbòdògbòdò (lè-) : v.be turbulent

gbògblgbò : n.1.board 2.plank 3.shelf

gbògbótsú : n.1.grasshopper
2.locust/n.helicopter

gbògbótsúyàmèʋú : n.helicopter

gbógbótɔ̀: adj.most of

gbómá : n.spinach

gbótɔ́trɔ́ : n.1.reversal 2.inversion
3.overturn

gbɔ̀ : v.1.relax 2.unwind 3.lighten up
4.ease up/v.1.blow 2.breath
3.puff/v.1.aspirate 2.come
alive/v.1.winnow

gbɔ̀: adv.1.first 2.at first 3.firstly

gbɔ̀ àgbè : v.1.resurrect 2.revive 3.come
back to life 4.to be cured

gbɔ̀ àxá ànyí : v.incline 2.bend 3.tilt
4.slant

gbɔ̀ dzì ɖí : v.to keep cool

gbɔ̀ dzǐèdzǐ : v.1.gasp
2.pant

gbɔ̀ ɖé émè : v.to rest

gbɔ̀ ɖé xéxé : v.1.breath out 2.expire

gbɔ̀ tsó ŋɔ̀tí mè : v.to breath through
the nose

gbɔ̀ yì là mè : v.to breath in

gbɔ̀.........dzí : v.1.to exceed 2.surpass
3.overtake 4.have a surplus

gbɔ́ : prep.1.in 2.among 3.amongst
4.near 5.by 6.beside 7.next to 8.along
side 9.at the side of

gbɔ́ lɔfò : prep.1.near 2.by

gbɔ̀ : n.goat

gbɔ́dzɔ́ : v.1.weaken 2.dwindle 3.wilt
4.bend 5.inflect 6.relax/v.1.loosen
/v.1.weary 2.grow tired

gbɔ́dzɔ́ àzɔ̀lì : v.1.slow down 2.go slow

gbɔ́dzɔè : n.1.relief 2.alleviation 3.solace

gbɔ́dzɔ́gbɔ́dzɔ́ : n.1.weakness 2.frailty

3.debilitation 4.impairment

gbɔ́démè : n.1.break 2.pause 3.rest

4.respite 5.slumber 6.retirement

7.retreat 8.half-time

gbɔ́mèmànɔ̀ŋútɔ̀è : adv.1.tirelessly

2.unrelentingly

gbɔ́ɖémèɟé : n.resting place

gbɔ́ɖémèxɔ̀lá : n.retiree

gbɔ́gblɔ́: adj.1.lukewarm 2.tepid

gbɔ́gbɔ́ : n.1.breath 2.respiration

3./n.1.mind 2.spirit/n.1.arrival

gbɔ̀gbɔ̀ ɖé xéxé : n.1.expiry

2.expiration

gbɔ́gbɔ́mètɔ̀ : adj.1.spiritual 2.unworldly

gbɔ́gbɔ́tsíɟò : n.asphyxia 2.panting

3.gasping

gbɔ́gbɔ́tsíxì : n.1.breathlessness

2.panting

gbɔ́gbɔ́vɔ̌: n.1.demon 2.evil spirit

gbɔ́kà : n.1.rank

2.line 3.range 4.tier

gbɔ́lɔ́lá : n.1.demonstrator 2.marcher

3.rioter

gbɔ́lɔ́lɔ́ : n.1.procession 2.walk

gbɔ̀nɔ̀: n.1.nanny-goat

gbɔ̀nú :n.1.van 2.trailer

gbɔ̀tówó : n.1.outskirts 2.surroundings

of a city

gbɔ̀tsú : n.billy-goat

gbɔ̌ví : n.slave

gbɔ̀xí : n.asthma

gbùgbɔ̀ : v.1.revert 2.return 3.recur

4.turn back 5.get back

gbùgbɔ̀ blá : v.1.screw 2.pack up

gbùgbɔ̀ ɖé : v.1.sew up 2.reset 3.set

back

gbùgbɔ̀ dó áwù : v.to get dressed

gbùgbɔ dzè........gɔmè : v.1.resume

2.restart 3.start again

gbùgbɔ dzó : v.1.set off again 2.go on

gbùgbɔ dzrá : v.sell back

gbùgbɔ ɖè : v.1.recover 2.fish out

gbùgbɔ ɖè fiá : v.1.rebroadcast 2.relay

gbuí : n.1.bud /v.remarry

gbùgbɔ ɖi : v.1.to descend

gbùgbɔ ɖó : v.1.reorganize 2.revamp

3.reorder

gbùgbɔ ƒlè : v.1.redeem 2.ransom

gbùgbɔ gàgblɔ : v.1.repeat 2.reiterate

3.rehearse

gbùgbɔ gàsrɔ́ : v.to rehabilitate

gbùgbɔ gàtiá : v.re-elect

gbùgbɔ gblɔ : v.1.repeat 2.reiterate

3.rehearse

gbùgbɔ kù : v.1.to

hang up 2.hitch together

gbùgbɔ mié : v.to re-germinate

gbùgbɔ nyà : v.rewash

gbùgbɔ ŋlɔ̀ : v.1.retype 2.rewrite

3.replicate

gbùgbɔ ŋlɔ́ : v.to fold up

gbùgbɔ sì nú ná : v.repaint

gbùgbɔ srɔ́ : v.to re-educate

gbùgbɔ tó : v.to re-grow

gbùgbɔ tɔ : v.1.sew up 2.stitch up

gbùgbɔ trɔ àsí : v.1.retouch 2.alter

3.adjust

gbùgbɔ trɔ àsí lè.......nú : v.to

reorganize

gbùgbɔ tsɔ́ : v.1.resume 2.get back

3.retake 4.take back

gbùgbɔ tsyà : v.reconnect

gbùgbɔ̀(.......) tù : v.with and reconstruct

gbùgbɔ̀(.......) wɔ̀ : v.1.remake 2.repair

3.reproduce

gbùgbɔ̀ yì : v.to go back

gbùgbɔ̀(.......) yɔ́ : v.1.recall 2.repeat

gbùgbɔ̀.........dó : v.1.transplant 2.plant

out

gbùgbɔ̀.........tá : v.1.reproduce

2.replicate 3.create

gbùgbɔ̀.........xé : v.to re-close 2.repay

gbúgbɔ́ : v.1.suck 2.suckle 3.suck out

gbùgbɔ̀dèfiá : n.rebroadcast

gbùgbɔ̀dódá : n.1.return 2.removal

3.postponement 4.discharge

gbùgbɔ̀flè/gbùgbɔ̀gaflè : n.repurchase

gbùgbɔ̀gàgblɔ̀ : n.repetition

gbùgbɔ̀gàtiá : n.re-election

gbùgbɔ̀gàtsɔ́:n.1.reprise

2.recovery 3.resumption 4.renewal

gbùgbɔ̀gàtù : n.reconstruction

gbùgbɔ̀gàʊ̀ù : n.reopening

gbùgbɔ̀ʊ̀ù : n.reopening

Y

yàɣlá : n.1.concealment 2.hiding 3.veiling 4.dissimulation

ɣáɣlá : adj.1.hidden 2.covert 3.secret 4.undercover 5.clandestine 6.confidential 7.private

ɣáɣlá (ná/nyà) : n.1.secret 2.undercover 3.privy 4.inner 5.cryptic

yàɣlàfé : n.1.hideout 2.hiding place 3.cache 4.den 5.lair

ɣè : n.1.sun 2.sunlight

ɣè fè xɔ̀ɖófé/ɣè fè xɔ̀ɖóɣì : n.sunset

ɣè (lè-nù) : v.to be sunny

ɣé : v.1.borrow 2.loan 3.to lend

ɣé : n.chalk

ɣèàɖáwóɣì : adv.1.sometimes 2.occasionally 3.from time to time

ɣèbià : n.1.rust 2.rustiness 3.mildew 4.blight

ɣèbúɣì : adv.1.shortly 2.in future 3.again

ɣèdóxɔ̀fé : n.west

ɣèdzèdzè : n.sunrise

ɣèdzèfé : n.east

ɣèdóxɔ̀fé : n.west

ɣèdóxɔ̀ɣì : n.1.dusk 2.twilight

ɣèɖúɖú : n.a dance

ɣèɖúfé : n.a ball

ɣèɖúfé : n.a place of dancing

ɣèɖúlá : n.a dancer

ɣèkàɣì ?: adv.1.when 2.whenever

ɣèmáɣì : adv.at that time

yèsiáyì : adv.1.anytime 2.whenever

3.always 4.constantly

yèsiáyì sì : adv.whenever conj.when

yètóɖófé : n.west

yètóɖófé : n.Occident

yètrɔ́ : n.1.afternoon 2.evening 3.dusk

yètrɔ́kpá : n.afternoon

yèxɪ́ : n.1.umbrella 2.parasol

yèyíyì : n.1.time 2.period 3.moment

4.time limit

yèyíyì (lè-à nù) : v.to be modern

yèyíyì (lè-ɖèká mè) : adv.1.at a time

2.at the same time

yèyíyì ɖèká mè tɔ́ : n.1.contemporary

2.coeval

yèyíyì kpuì : n.1.instant 2.moment

yèyíyì mlɔ̀èà (lè-dzɪ́) : adv.1.barely

2.narrowly

yèyíyì nyuɪ́ : n.occasion

yèyíyì sì ává/ yèyíyì sì gbɔ̀nà : adv.in

future

yèyíyìmè : adj.1.temporary 2.casual

3.temporal

yèyíyìmètɔ́ : n.1.contemporary 2.coeval

ɣì : n.1.time 2.age 3.season 4.period

ɣí : adj.white

ɣlá : v.1.hide 2.cover 3.conceal 4.nestle

5.take refuge

ɣlá.......ɖí : v.have in reserve

ɣlá nú : v.1.save money 2.put money

aside 3.save up 4.economize

ɣláfé : n.1.den 2.lair

ɣlètɪ́ : n.1.moon 2.month

ɣlètɪ́fétú : n.monthly installment

ɣlètɪ́gbàlɛ̌ : n.calender

ɣlètɪ́kúkú : n.monthly

ɣlètɪ́kúkúgà : n.monthly payment

ɣlètɪ́vɪ́ : n.star

ɣlètíví tóàsíké : n.1.shooting star

2.falling star

ɣlí : n.1.cry 2.shout 3.complaint

ɣlídólá : n.one crying

ɣlídómɔ̀: n.megaphone

H

hà : n.1.pig 2.swine 3.pork/n.song

hà víví : n.1.melody 2.tune

hǎ : n.1.group 2.band 3.troop 4.team/n.outfit/n.1.variety 2.specie 3.kind

hǎ tsòtsò : n.1.pack 2.ruck

hǎ : adv.1.also 2.too 3.as well 4.likewise 5.and that

hǎbɔ̀bɔ̀: n.1.association 2.society 3.club 4.troop

hǎdédé : n.1.fellowship 2.association 3.gang

hàdzìdzì : n.1.singing 2.song

hàdzìgbá : n.discus 2.disc 3.record

hàdzìgbátrómɔ̀: n.record player

hàdzìhá : n.1.choir 2.chorus

hàdzìháwó : n.choir

hàdzìlá : n.1.singer 2.vocalist 3.chorister

hàdzìgbàlé : n.hymn

hàdzìmɔ̀: n.record player

hàɖé........ò : adv.1.not yet 2.as yet

háfí : prep.1.before 2.until 3.till

hàgbènyálá : n.musician

hàkà : n.magnetic tape 2.tape

hàkpàkpà : n.composition

hàkpàlá : n.1.composer 2.song writer

hàkpó : n.1.piggery 2.pigpen 3.pigsty

hàlǎ : n.pork

hàmákà : n.hammock

hǎmè : n.1.society 2.association 3.troop

hámè : n.1.category 2.type 3.grade
4.class 5.division 6.denomination

hámèhámè : n.1.category 2.type
3.grade 4.class 5.division
6.denomination

hǎmètɔ́: n.1.team member 2.team mate

hǎmèví : n.1.member of a club 2.team
mate 3.team member

hǎmèwù : n.1.uniform 2.society's
uniform

hàmì : n.bacon

hànɔ̀: n.sow

hǎtí : n.1.comrade 2.fellow 3.friend
4.mate 5.buddy 6.companion

hǎtímè : n.class mate 2.mate

hǎtímètɔ́ : n.people of the same class

hǎtsòtsò : n.1.team 2.squad 3.crew

hǎví : n.neighbor

háyá : v.1.to be cured/v.1.to rent 2.to
let 3.to hire

hàyàháyá : n.1.leasing 2.hiring
3.renting/n.1.recovery 2.recuperation

hè : v.1.pull 2.extract/v.1.train/v.1.tow
2.tug/v.stretch/v.1.massage 2.knead

hè àmè : v.to be attractive

hè dzrè : v.1.to quarrel 2.to argue

hè ɖá : v.to move away

hè ɖé mègbé : v.1.to retreat 2.move
back 3.step back 4.postpone 5.delay
6.set back

hè lǎmè ná : v.1.to give a massage 2.to
massage

hè lè ànyígbá : v.to drag on the ground

hè nyà : v.1.to argue 2.to squabble

hè tó : v.1.to punish 2.to penalize

hè (........) vɛ̀ : v.1.provoke 2.rouse
3.elicit 4.trigger

hè......ɖókuǐ ɖá tsó......ŋú : v.to

mistrust

hé : v.to pick

hé : interjection. So what?

hèhè : n.1.pull 2.strain/ n.sob/n.training

hèhè ɖé mègbé : n.1.withholding

2.halt 3.stoppage 4.cessation

hèhèdɔ̀ : n.tetanus

hèhèvɛ̀ : n.1.attraction

2.enticement/n.1.tripping 2.outbreak

3.opening 4.release

hèhèyìmègbé : n.1.narrowing

2.shrinkage 3.stricture

héktà : n.hectare

héná : prep.1.for 2.towards 3.toward

4.to 5.of

héná tègbèè : adv. for life

hétsrà : adj.1.in torrents 2.surging

hɛ̌ : n.1.knife 2.pocket knife 3.pen knife

4.dagger

hɛ̌ gòbɛ̀ : n.1.fake 2.counterfeit/

adj.1.false 2.fake 3.forged 4.phony

hɛ̃̀ɛ̃̌ : adj.1.orange 2.pink 3.rose-colored

hɛ̌dɔ́ : n.1.surgery 2.operation

hiá : v.1.to be in need of 2.require

3.demand

hiàhià̀ : n.1.need 2.requirement

3.demand 4.want

hiàhià̀ kábá : n.1.urgency 2.emergency

hià̀tɔ́: n.needy person

hìhlì̀dódó : n.whisper 2.whispering

hlé : v.1.fall 2.fall down 3.collapse

4.drop

hlé túkpé : v.strafe

hlé dzòxì : v.make sparks

hlé tsì : v.to splash water

hlí : n.tiger

hlígbàlɛ̀ : n.ace or king cards

hlíyáá : adj.1.shaggy 2.furry 3.hairy

hlòkà : n.bronchus

hlòmè : n.1.throat 2.gullet

hlòmèfàfà : n.cooing

hlòyìì : adj.1.shaggy 2.furry 3.hairy

hlɔ̀: n.1.clan 2.ethnic group/ n.crime

hlɔ̀biábiá : n.1.revenge 2.retaliation

3.vengeance

hlɔ̀dólá /hlɔ̀dɔ́lá : n.1.criminal

2.murderer 3.felon 4.killer 5.culprit

hlɔ̀màdí : n.hedgehog 2.urchin

hlɔ̀mè : n.1.criminal 2.murderer 3.felon

4.killer 5.culprit

hlɔ̀nyà : n.1.murder 2.criminal case

hò : v.1.dig up 2.unearth 3.uproot 4.root

out/ v.1.to take off 2.to elevate an

airplane/v.1.start2.move off 3.emerge

hò àʋà : v.to declare war

hò.......dó : v.transplant

hò........lè.......mè : v.to pull out

hǒ : n.cowries

hòhòdó : n.transplantation

hòhò : n.1.lifting 2.extraction/ n.1.lift-

off 2.start-up/n.1.exodus 2.migration

hòhò kplé kè : n.uprooting

hǒmè : n.1.amount 2.size 3.sum

hǒtsuí nyuí ɖùɖù : n.good relation

hǒtsuítɔ́ : n.rich person

hǒʋiʋlì : n.1.match 2.contest

3.competition

hǒʋiʋlì lè........nɔ̀èwó dòmè :

n.tournament

hǒʋiʋlìnùwúlá : n.finalist

hǒʋiʋlá : n.1.starter 2.runner

hǒʋiʋlá súsɔé : n.finalist

hǒwɔ̀wɔ̀: n.1.jabber 2.babbel 3.hurly-

burly

hòyòhòyò : v.in shambles

hòyòhòyòwɔ̀lá : n.one who disrupts

hɔ̌ : n.1.eagle 2.hawk

hǔ : v.1.get up 2.start 3.rise/v.sigh

hǔ àʋà ɖé........ŋú : v.1.attack 2.strike

3.assault

hǔɖèɖè : n.sigh

I

ì : pron.1.the 2.it

ìdrzyɛ́nì : n.hydrogen

ɪfɛ́-gbe : n. Ife language

ɪks-kéflĕ̀: n. X ray

Indià /Indià-dùkɔ́ :n. India

índzìn : n.1.engine 2.motor

ìndzìníyà : n.engineer

íŋkè : n.inch

íŋkì : n.ink

ìslám : n. Islam

Istà : n. Easter

Izràɛ́l : n. Israel

Izràɛ́l-ví : n. Israelite

íŋkìfoƒo: n.dried ink

íŋkìtukpá: n.ink bottle

íŋkìgo/íŋkìguɪ/íŋkìnú: n.ink bottle

ɪráki: n. Iraq

ɪránì: n. Iran

ìslám : n. Islam

ìslám -gbedóxɔ̀: n.mosque

ìslám -kɔnyɪnyɪ/ìslám -xɔse: n. Islamism

Istà : n. Easter

ɪtálɪà: n. Italy

ɪtálɪà-gbe: n. Italian language

Izràél

Izràél : n. Israel

Izràél-ví : n. Israelite

K

kà : n.king cards

kà : v.1.concern 2.affect/v.1.be worse for /v.1.strip 2.deprive

kà : n.1.wire 2.thread 3.yarn 4.string 5.cord 6.shoelace 7.leash 8.ligament/n.telephone

kà (nyà) : v.to be responsible

ká àʋàtsó : v.to lie

kà mɔ́ ná : v.1.detect 2.screen 3.track down

kà.......mè : v.1.search 2.ransack 3.go through 4.rummage through

kà.......mè (àgbàlɛ̀) : v.browse 2.analyze 3.construe

ká : v.1.cut 2.cut up 3.carve

ká àsì : v.1.label 2.tag 3.brand

ká àsì.........ŋú : v.1.touch 2.grope 3.fumble

ká àtábú /ká àtám : v.1.to take an oath 2.to swear

ká àʋàtsó : v.to lie

ká ɖé édzí : v.1.to be certain 2.to be sure 4.to certify 5.to guarantee

ká ɖé édzí bé (mé......ò) : v.to despair

ká ɖé........dzí : v.1.have faith in 2.rely on 3.trust 4.to affirm

ká ɖé.......mè : v.1.enhance 2.improve 3.better 4.upgrade

ká fè : v.to fine

ká mò ná : v.1.to rebuke 2.blame 3.reproach

ká ŋkúmè : v.to make a remonstrance	6.propagate 7.publish 8.disclose
	9.unveil 10.reveal 11.sprinkle 12.scatter
ká ŋútí : v.to touch	13.disperse/v.be disheveled/v.dismantle
	2.take apart 3.tear down
ká nyàtà : v.make a brief account	
	kàkà :
kábá / kábákábá : adv.1.quickly 2.fast	n.diffusion/n.1.despoliation/n.lightning
3.promptly 4.hastily 5.early	
	kàkà súsú ná : v.1.disperse 2.dispel
káblè : adj.foolish	3.clear away
kàdódó : n.1.connection 2.link 3.linkage	**kàkà** : n.1.piece 2.portion 3.serving
kàdzídòè : n.squirrel	**kàkà (kà) lè sùsú mè** : n.1.misbehavior
	2.squandering 3.dispersal
kàḍùgbí : n.1.node 2.knot 3.bow 4.knob	
	kákáká kákáká : adv.1.much 2.so much
kàé nyé ésià : adj.1.what 2.whichever	3.a lot 4.a great many 5.infinitely
3.which	6.boundlessly
káfú : v.1.congratulate 2.extol	**kàkámòtòví** : n.clown
3.compliment 4.sing praises of	
5.appreciate	**kàkáḍédzí** : n.1.assurance
	2.confirmation 3.certainty 4.exactness
kàfùkáfú : n.1.compliment 2.praise	
3.appreciation 4.commendation	**kàkáḍédzítèfé** : n.1.safety 2.security
kàfùkáfúhà : n. canticle	**kàkáḍédzínyà** : n.resolution
kàfòfò : n.telephone	**kàkáḍédzídzítɔè** : adv.1.surely
	2.certainly 3.doubtless
kàfògbàlè : n.1.telegram 2.cablegram	
kàkà : v.1.communicate 2.announce	
3.broadcast 4.convey 5.spread	

kákáká : n.1.diffusion 2.broadcasting

3.scattering

kàkàrákà : n.roach

kákátí : n.torch

kákɛ́ : n.1.piece 2.morsel 3.fragment

kákɛ́kákɛ́ : n.tatters

kàkî : n.khaki

kàklá : n.1.divorce

2.separation/n.1.prior notice 2.warning

kàkláɣlí : n.1.alert 2.warning 3.alarm

kàklánáná : n.1.warning 2.caution

3.admonition

kàkló : n.1.doughnut 2.fritter

kàlàbá : n.1.China clay 2.limestone

3.sediment

kálè : n.wedge 2.chock 3.slipway

kálètɔ́ : n.brave man 2.valiant

kálètɔ́ (nyé) : v.1.to be brave 2.to be

valiant

kàléyì : n.pepper

kàléyìgò : n.pepper container

kàléyìgblè : n.pepper pot

kàléyìkà :n.pepper shrub

kàlɔlɔ̀: n.embroidery

kàmè (tè-kplé) :v.fight against

kàmètèfé : n.arena

kàmètèhábɔ̀bɔ̀: n.team sports

kàmètèkpé : n.arena

kàmètèlá : n.a fighter

kàmbètè : n.gymnastic 2.sport 3.match

kàmètè fé núsɔ́srɔ́ : n.1.training

2.physical education

kàrô : n.tile cards

kàrówó : n.floor tile

kàrɔ́tè : n.carrot

kɑ́sà / kɑ́sàdɔ̀: n.cancer

kɑ́sàdɔ̀lélà : n.cancer patient

kàsàŋkú : n.1.guitar 2.piano

kàsàŋkúfòlá : n.1.guitarist 2.pianist

kásɛdɔ̀: n.cancer

kásɛdɔ̀:lélà : n.cancer patient

kàsɛ́tì : n.cassette

kàsùwɛ́lì : n.ricin

kátǎ : adv.1.all 2.every 3.total

kátálɔ́gè : n.catalog

kátápílà : n.caterpillar

kátèkísì : n.catechist

kàtíkpó : n.1.coil 2.reel 3.spool

kàtíkpoè : n.duckling 2.spool

kátólíkò : adj.catholic

kátólíkòtɔ́ : n.catholic / Roman catholic

kàtsìtsì : n.1.stubbornness 2.obstinacy

3.willfulness

kàví : n.cordon 2.rope 3.lanyard

k.bb (kplé búbùwó) : abbrev.et cetera

(and so on)

kè : v.1.blossom 2.come into bloom

3.open up

kè : n.root /n.path

kè àtá : v.being astride

kè dzò : v.make eclairs

kè ɖé.......mè/ ŋú : v.1.discover 2.find

out 3.find

kè ɖì : v.1.doubt 2.question/v.hasten

ké : n.sand 2.dust

kèdzímànɔ̀: n.1.imbalance

2.unsteadiness

kèdzoèkèdzoè : n.1.firefly 2.fire worm

3.lightning bug

kéé : adj.1.same 2.actual 3.even 4.alike

kéfùtà : n.beach sand

kèkè adj.1.large 2.vast 3.wide

kèkè ɖé nù : v.1.to stretch 2.expand

3.widen 4.broaden

kèkè ɖé........dzí : v.1.enlarge 2.extend

3.widen

kèkè gbɛ̆mè v.1.scrape 2.strum

kèkè tà : v.1.to develop 2.thrive

3.increase 4.be extended 5.be huge 6.be infinite

kèkè......ɖé édzí : v.1.to enlarge

2.extend 3.widen

kèké : n.1.wheelbarrow 2.trolley 3.cart

4.wagon/n.1.bicycle 2.pulley

kèkédólá : n.cyclist

kéké ɖé édzí : v.1.to stretch 2.expand

3.widen 4.broaden

kéké ɖé énù : v.1.to stretch 2.expand

3.widen 4.broaden

kèkèɖédzí : n.1.extension

2.enlargement

kèkèɖénúŋú : n.1.find 2.discovery

3.detection 4.exploration

kèkèɖéŋú : n.ascertainment

kèkèmè : n.1.width 2.breadth

3.broadness 4.wideness 5.extent

6.ampleness

kèkéví : n.1.rickshaw 2.trolley

3.wheelbarrow 4.pulley 5.bicycle

kèklé : n.1.peeling 2.dissection

kèklé : n.1.glow 2.glimmer 3.glint 4.light

5.radiance 6.reflection 7.illumination

8.sparkling 9.glitter

kékùfé : n.sand quarry

kékpó : n.dune

kèlè : n. October

kéli : n.1.day 2.daytime

kélili : n.1.tenacity 2.perseverance

3.steadiness

kèmɛ : adj.1.another 2.different

3.alternative 4.opposite

kéŋ/kéŋkéŋ : adv.1.completely 2.totally

3.fully 3.absolutely 4.entirely

5.altogether 6.exactly

kèsé : n.monkey

kèségá : n.1.chimpanzee

2.cynocephalus

kèsénɔ: n.female monkey

kèsìnɔ̀nú : n.1.treasure 2.fortune

kèsìnɔ̀tɔ́ : n.rich person

kètè : n.1.clarinet 2.flute

kétékè : n.train

kétékèmɔ́ : n.1.railway 2.railroad

kìló : n.kilogramme

kìló àkpé : n.tonne

kìlómétà : n.kilometer

kìnínì : n.1.quinine

kísì : n.1.rat

kìsì : v.1.kiss 2.hug 3.embrace

klá : v.1.display 2.advertise 3.post up 4.warn 5.inform 6.admonish 7.caution/v.1.divorce 2.separate 3.bid farewell to /v.crucify

klálò (lè/nɔ̀) : v.1.be ready 2.stand by 3.be on call

klásè : n.class

klásè gbáʈɔ̀/ klásè èvèliá : n.preparatory course

klásè èʈɔ̀liá / klásè ènèliá : n.elementary course

klásè àʈɔ́liá : n.fifth class

klásè nùwútɔ́ : n.senior year

klé : v.1.shell 2.peel 3.husk 4.hull

klɛ́ : v.1.gleam 2.glimmer 3.be shining 4.shine 5.be bright 6.luminous

klɛ́ ŋkú : v.1.blind 2.dazzle

klɛ́ ŋù : v.1.to make someone jealous/v.be greedy/v.marvel

klɛ́......ɖé....ŋú : v.widen

klɛ́......gáá : v.widen

klɛ̀zî : n.1.kerosene 2.paraffin oil

klì : v.1.hit 2.bump 3.stumble 4.stagger

klì àfɔ: v.1.stumble 2..stagger

klíkó : v.scratch 2.scrub

klíkóklíkó : n.1.scratching 2.scraping

klíkpà : n.1.barrel 2.cask

klìnyòtá : n.1.turn signal 2.blinker
3.winker

klísí : n.1.earthenware 2.porcelain

klítsàklítsà : adj.rough

klò : n.knee/n.tortoise

kló : v.1.to dissipate 2.to wear off 3.melt
away

kló : adv.1.almost 2.nearly 3.about

kló àgè : v.equalize a goal

kló bùbù......lè....ŋú : v.dishonor
2.disgrace

kló nú lé.....ŋú: v.1.unpack 2.unwrap

kloé : adv.1.approximately 2.nearly
3.almost

klòpàklòpà/klòpέklòpέ : id. Limp-clopan

klòsálò : n.silver metal

klòwuì : n.knee pad

klɔ́ : v.1.wash 2.clean out

klɔ́ àfɔ̀: v.to wash the legs

klɔ́ àgbàwó :v.to wash dishes

klɔ́ dzó : v.1.discolor 2.fade

kluí : n.1.pigeon pea 2.clover

klúví : n.slave

klúvímènɔ̀nɔ̀: n.servitude

klúvísìtsàtsà : n.slave trade

kò : v.1.to make fun off 2.laugh at

kò : n.1.sterility 2.infertility 3.bareness

kò àlɔ́gbɔ́nú/kò àlɔ́gbɔ́núí : v.1.to smile
2.to grin

kò nú : v.1.to laugh 2.to sneer

kó : v.1.operate 2.carry out

kó : n.gizzard

kó fú lè....... ŋú : v.to shear off

kòdzì : n.hoe

kòdzó : n.1.trail 2.proceedings 3.lawsuit
4.case

kòdzoè/kòdzuì : n.hoe

kòkló : n.1.hen 2.fowl

kòklôfú : n.1.fluff 2.feather

kòklókpó : n.hen coop

kòklónɔ̀: n.hen

kòklótsú : n.1.cock 2.rooster

kòklóví : n.chick

kòklóxɔ̀: n.hen coop

kòklôzí : n.chicken egg

kòkô : n.cocoa

kòkó : n.1.supplication 2.plea 3.entreaty

kókó :n.skinning

kòkoè : adv.1.for fun 2.which is funny

kòkoètɔ́ : n.clown

kòkófòfò :n.1.supplication 2.plea
3.entreaty

kòkôgblè : n.cocoa farm

kòkòkpɔ́nɔ́: n.chocolate

kòkôkú : n.cocoa seed

kòkôtí : n.cocoa tree

kòkuì: adj.1.ridiculous 2.preposterous
3.laughable

kòlíkò : n.fried potato

kóló : n.vagina

kólótí :n. clitoris

kòmèdzà : n.mane

kòmúnyɔ̀: n.communion

kònɔ̀: n.sterile woman

kònuìkònuìdódó : n.tickling

kònyífàfà : n.1.lamentation
2.complaining 3.moaning

kòŋkò :n. tin can

kóń : adv.1.specially 2.particularly
3.especially

kòrǎ : n.Koran

kòsì : n.slave (female)

kòtò : adj.1.round 2.circular

kòtòdzὲ : n.1.slice 2.ring

kòtoὲ : adj.1.round 2.circular

kòtògbàdzὲ : n.1.slice 2.ring

kòtòkród̦ù : n.wasp

kòtòkú : n.1.pocket 2.bag 3.pouch
4.envelop

kòtòkúví : n.1.wallet 2.clutch bag
3.paper bag 4.pencil case

kòtsítsí : n.infertility of a woman

kɔ̀: v.1.to be clear 2.lighten 3.brighten
up 4.to be transparent

kɔ̀: n.1.neck

kɔ̀(émè) : v.1.to be clear 2.to be evident

kɔ̀(émè) (bé) : v.being normal

kɔ̀(mé- ò) : v.1.to be unclean 2.to be
unhealthy

kɔ̀(mò-) : v.to be awake

kɔ̀d̦é....mè : v.put into

kɔ̀ d̦í : v.1.spill 2.pour out 3.shed

kɔ̀ ŋú : v.be purified 2.refine 3.chasten

kɔ̀........d̦é : v.1.to put 2.to place 3.put in
4.lay down

kɔ̀.....mè : v.1.untangle 2.straighten out
3.ravel out

kɔ̀.........ŋú : v.1.inaugurate
2.usher/v.purify

kɔ́ : v.1.be tall 2.be high/v.1.raise 2.lift
3.stir up 4.carry 5.transport

kɔ́: n.1.piece 2.morsel 3.heap
4.pile/n.fist/n.district 2.neighbourhood

kɔ́ d̦é dzǐ : v.to climb

kɔ́ fò......tà : v.1.dominate 2.control
3.rule 4.overpower

kɔ́ nù lè.....dzí : v.1.reveal 2.expose
3.disclose 4.bring to light 5.unfold

kɔ́.........d̦é....dzí : v.put on

kɔ́.........d̦é......mè : v.put into

kɔ́........dókuì : v.to boast 2.brag 3.show

off

kɔ́.......yì dzǐ : v.to raise

kɔ́bà : n.1.copper 2.coin 3.shekel

kɔ́dàdà : n.1.boxing 2.pugilism

kɔ́dàféàgbà : n.boxing ring

kɔ́dàlà : n.boxer

kɔ̌dzí : n.1.hospital 2.clinic

kɔé : n.1.tuft 2.clump 3.bunch

kɔ́fὲ/kɔ́fi : n.coffee 2.cafe

kɔ́fití :n.coffee tree

kɔ́fé : n.village

kɔ́fégǎ : n.hamlet

kɔ́fémèsùkù : n.rural school

kɔ́fétɔ: adj.1.rural 2.peasant

kɔ́fétɔ: n.villager

kɔ́kè : n.1.plug 2.stopper 3.cork

kɔ́kèsùkúlù : n.corkscrew

kɔ̀kɔ̀: n.1.clarity 2.clearness 2.purity

3.cleanliness 4.neatness

kɔ̀kɔ̀: adj1.clean 2.proper 3.neat 4.tidy

kɔ̀kɔ́: n.1.altitude 2.superiority

3.mastery 4.glory 5.praise
6.stardom/n.1.chuckle 2.cluck 3.cackle

kɔ́kɔ́: v.1.chuckle 2.cluck 3.gobble

kɔ́kɔ́: adj.1.high 2.tall 3.lofty

kɔ̀kɔ́ɖá : n.emptying

kɔ̀kɔ̀ɖí : n.1.debit 2.output 3.yield

kɔ̀kɔ̀è : adj.1.saintly 2.holy 3.sacred

4.pious

kɔ̀kɔ̀è : adv.1.properly 2.neatly

kɔ̀kɔ̀ènɔ̀nɔ̀/kɔ̀kɔ̀ènyényé : n.1.purity

2.pureness

kɔ̀kuì (ɖì) : v.be ridiculous

kɔ̀kɔ̀mè : n.1.debit 2.output 3.yield

kɔ́kɔ́mè : n.1.height 2.elevation

3.stature

kɔ́kpékpé : n.round

kɔ́kpò : n.1.ball 2.hank

kɔ́là : n.1.tie 2.necktie

kɔ́lɛ́dzì : n.1.college 2.high school

kɔ́lɛ́dzìví : n.1.high school student

2.school boy

kɔ́lì : n.1.dumping ground 2.disposal

kɔ̀mè : n.1.collar 2.saddle 3.neckband

kɔ̀mèdzà : n.mane

kɔ̀mɔ̀è : n.1.collar 2.neck 3.necklet

kɔ̀mpá / kɔ̀mpásì : n.compass

kɔ̀nú : n.1.ceremony 2.custom

3.tradition

kɔ̀núwó : n.1.custom 2.rite

kɔ̀núwɔ̀wɔ̀:n.ceremony of initiation

kɔ̀nyìnyì : n.religion

kɔ́ŋ : adv.1.on purpose 2.purposely

3.specially 4.intentionally

kɔ́ŋglìtí : n.concrete

kɔ́ŋkɔ́: n.drinking class

kɔ́ŋkɔ́ŋuí : n.whooping cough

kɔ́ŋlɔ́ŋlɔ́: n.1.fist 2.clenching fist

kɔ́pò : n.1.cup 2.glass 3.goblet

kɔ́rístà : n.chorister

kɔ̀sídá : n.Sunday

kɔ̀sídá fé nùwúwú : n.week-end

kɔ̀sídágbè : n. Sunday

kɔ̀sɔ̀kɔ̀sɔ̀: n.1.chain 2.string 3.pendant

kɔ̀syɔ̀kɔ̀: n.kwashiokor

kɔ̀tà : n.ethnic group 2.tribe

kɔ̀tàdèdè : n.racism

kɔ̀tàdèlá : n.racist

kɔ̀tàgbè : n.dialect

kɔ̀tàtɔ̀ : n.tribesman

kɔ̀tàtsìtsrì : n.racism

kɔ́tí : n.fist

kɔ̀wlà : n.1.pendant 2.necklace

kɔ́yà : n.choral/ n.padlock

krɛ́mà : n.1.cream 2.custard 3.sour milk

Krísmàs : n. Christmas

krístɔ̀tɔ́ : n. Christian

krònòmétà : n.1.chronometer

2.stopwatch

kù : v.1.drive 2.conduct 3.pilot/ v.1.dig

up 2.unearth 3.extract/v.1.draw

2.harvest

kù (ɖé.......ŋú) :v.1.suspend 2.hang on

3.hook on 4.cling 5.depend

kù ké ɖé dzí : v.cover in sand

kù kùxí : v.having an impediment

kù nú gɔ̀mè : v.1.investigate 2.inquire

3.probe

kù nú mè : v.to document

kù ŋútí : v.scratch oneself

kù sí : v.transfer by car

kù tsì : v.to fetch water

kù.......vá : v.to flare up

kú : v.1.to die 2.perish 3.pass away/ v.to

heal 2.close up

kú (nù) :v.to be dismayed 2.affect 3.to

disturb

kú :n.1.seed 2.grain 3.nucleus 4.bean/

n.1.tablet 2.pill 3.signet 4.seal

kú (àme) (dzì) : v.to be upset

kú drɔ̃́ɛ́ : v.to dream

kú fènyí : v.to pass out 2.to be in coma

3.to disappear

kú kpĕ̀ : v.to whistle 2.wheeze 3.toot

kú kútrí : v.to persevere

kú tó : v.to be deaf

kú tó....mè : v.succumb to

kú tsù : v.to go mad 2.to loose one's
mind 3.to go nuts

kú ʋǔkpɛ́ : v.1.to honk 2.to toot

kúɖéàmèŋú : adj.appealing

kúɖìɖì : n.1.thinness 2.leanness
3.emaciation/ n.aridness

kúɖìyì : n.dry season

kúɖↄɖóɖó : n.1.steering 2.pilotage

kúgbàlɛ̀ : n.announcement of death

kuí :n.1.grain 2.seed

kúkó.....kplé àɖù : v.1.gnaw 2.nibble

kùkↄ́ : n.1.stuttering 2.stammer

kúkↄ́ : v.1.to stutter 2.to stammer

kúkↄ́lá : n.1.stutterer 2.stammerer

kùkù: n.1.extraction 2.mining

kúkù : n.1.cook 2.chef

kúkú : n.1.hat 2.cap

kúkú : adj.1.dead 2.extinct

kúkú (àmè) : n.1.corpse

kúkúɖèɖè : n.solicitation

kúkúɖèlá : n.solicitor

kúkúʋí : n.beret

kúmègbéɖóɖó : n.1.will 2.testament

kúndrù : n.cudgel

kùntrú : n.converter

kúrá : adv.at all

kùsì : n.1.basket 2.hamper

kùsìbↄ́lfòfò : n.basketball

kùsìlↄ̃lá :n.basket-maker

kùsìlↄ̃lↄ̃ : n.basket-making

kútↄ̀kútↄ̀è : adv.loudly

kútrí : n.1.effort 2.stress 3.endeavor

kútríkúkú : n.1.endurance
2.perseverance

kútsétsé báblá/ kútsétsé gbàgbà :
n.jam 2.marmalade 3.jelly

kútsétsé dzògbↄ: n.jam 2.marmalade
3.jelly

---

kútsétsétí : n.fruit tree

kútsígbàlě : n.announcement death

kùvíá : n.1.laziness 2.idleness 3.sloth

kùvíá (wɔ) : v.1.to be idle 2.to be lazy

kùvíáblègɔ́ : n.1.armchair

kùvíátɔ́ : n.1.sluggard 2.idler

kùxí : n.1.impediment 2.obstacle

kwàsídá : n.Sunday

kwàsídágbè : n.Sunday

KP

kpà : v.1.cut 2.prune 3.carve 4.fabricate
5.manufacture 6.composer 7.frame

kpà àtí ná : v.haft

kpà dzǐ : v.1.dwindle 2.whittle

kpà dà : v.to style one's hair

kpà dà ná.......dókuí : v. To do one's
own hair

kpà (fú) lè......ŋú : v.1.shear 2.shear off

kpà......ná : v.to crop off

kpàkpà : n.duck 2.drake/ n.mistrust

kpàkpà (nú) : n.1.sculpture 2.carving
3.incision

kpàkpàlùʋùì : n.butterfly

kpàkpànɔ̀ : n.duck

kpàkpàʋí : n.duckling

kpàkpàxè : n.1.duck· 2.drake

kpàkpàxènɔ̀: n.1.duck

kpàlíbá : v.1.interweave 2.intertwine
3.interlace

kpàtà : adv.1.suddenly 2.all of a sudden

kpàtàklí : n.1.obstacle 2.impediment
3.barrier 4.hurdle

kpàtàklí (dó-ná) : v.1.encumber
2.obstruct 3.congest 4.to be an obstacle
to

kpàtàklí (dó-àmè) : v.to be bulky

kpàtàklídódó : n.1.congestion
2.obstruction 3.overcrowding

kpàtàkpàtà (lè-nɔ̀) : v.to be urgent

kpàtàkpàtà : adv.1.hastily 2.hurriedly

kpàtsà : n.machete

kpàtsàtí : n.flamboyant

kpè : v.1.to be heavy 2.to weigh
3.weighing/ v.1.to be huge 2.be
consisting

kpè (ŋú) : v.to be ashamed

kpè ŋú : v.to be shy

kpè ŋú (ná) : v.to be ashamed

kpé : v.1.to invite 2.call upon
3.challenge 4.bid 5.ask

kpé : n.1.stone 2.pebble 3.rock
4.slab/n.blackboard/ n.electric battery/
n.1.cough 2.cold 3.catarrh 4.influenza/
n.1.dryer/ n.1.gallery 2.platform

kpé (nyé) : v.to be rocky

kpé àkɔ́ (kplé) : v.1.fight 2.wrestle
3.struggle 4.battle

kpé ḍé.....nɔ̀èwó ŋú : v.to help each
other

kpé ḍé.....ŋú : v.1.help 2.assist
3.support 4.aid

kpé fù : v.1.to labor 2.suffer 3.languish
4.to toil 5.to have a hard time

kpé kpé : v.to cough

kpé mèmè : n.brick

kpé tà : v.1.to reunite 2.assemble
3.gather

kpè : n.1.trumpet 2.trump 3.trumpet
player

kpédàkɛ̀ : n.slingshot

kpé dɔ̀: n.cough

kpéḍèfé : n.quarry 2.stone-pit

kpéḍéŋútɔ́ : n.1.help 2.assistant
3.contributor

kpéḍódzí : n.1.confirmation
2.substantiation

kpéḍódzínyà : n.1.justification
2.warranty 3.explanation 4.vindication

kpéḍóḍó : n.1.bench 2.terrace

kpéfé : n.1.juncture 2.joint

kpéfòàmè : n.1.influenza 2.flu

kpégbòfé : n.stone quarry

kpéhlétú : n.1.machine gun 2.sub-
machine gun

kpékúlá : n.1.referee 2.arbitrator

kpékuɩ́ : n.1.pebble 2.stone 3.rock 4.gravel

kpékuɩ́ wluɩ́wluɩ́ : n.1.gravels 2.grit

kpèkpè : n.1.weight 2.burden 3.load

kpèkpè : adj.1.heavy 2.hefty 3.cumbersome 4.onerous

kpèkpè dzĭḑèḑè : n.alleviation

kpèkpé ḑé àmè nɔ̀èwó ŋú : n.mutual aid

kpèkpéḑéŋú : n.1.rescue 2.relief supplies 3.aid 4.contribution

kpèkpèmè : n.1.weight 2.burden 3.load

kpélátsú : n.granite

kpélòtoè : n.1.bandolier 2.cartridge belt

kpèŋuɩ́dɔ̀ : n.epilepsy

kpèŋuɩ́dɔ̀nɔ̀: n.epileptic person

kpètà : n.dysentery

kpètátá : n.statue

kpètátágá : n.monument

kpètété : n.tanning 2.tan

kpétɩ́kè : n.1.toffee 2.lollipop 3.lozenge

kpétɩ́kègoè/ kpétɩ́kèguì : n.1.toffee container 2.lollipop can 3.lozenge container

kpétó : n.1.carve 2.grotto

kpèvɩ́ : n.1.whistle 2.pipe 3.catcall 4.hiss

kpéxɔ̀àsì : n.marble

kpézíŋgì : n.tile

kpɛ́ɛ́ : n.vane

kpɛ̀kúhá : n.1.band 2.orchestra

kpèkpɛ́ : n.1.handcuffs 2.bracelets

kpɛ́nɔ̀nɔ̀ : n.pallor

kpétɛ́ : n.1.pannier 2.pod

kpɛ́wɔ̀wɔ̀: n.pallor

kplá àsɩ́ kɔ̀: v.1.embrace 2.hug 3.cuddle

kplá núwó : v.to equip

kplányàà : adv.1.all over 2.throughout 3.wherever 4.here and there

kplé : prep.1.and 2.with 3.by

kplé bùbùwó : adv.1.and so on 2.and so forth 3.et cetera

kplɔ̀ : v.1.lead 2.direct 3.conduct 4.escort 5.guide 6.govern 7.preside 8.arbitrate

kplɔ̀ (nú) : v.sweep

kplɔ̀........ɖó : v.1.to follow 2.go after 3.accompany

kplɔ̀......gbɔ̀: v.1.bring back 2.carry back

kplɔ̀......mè : v.to be delighted

kplɔ̀......vá/ vɛ̀ : v.1.to bring back 2.bring about

kplɔ̀......yì : v.1.to lead 2.lead away

kplɔ̀: n.table

kplɔ̀(lè/ nɔ̀-ŋú) : v.to be at table

kplɔ̀dzǐvɔ́/kplɔ̀dzǐvɔ́ suè : n.tablecloth

kplɔ̀lá : n.1.guide 2.leader 3.director

kplɔ̀ŋúdákà : n.drawer

kplɔ̀vɔ̀: n.tablecloth

kplɔ̀vɔ̀ suè : n.tablecloth

kplú : n.1.cut 2.cutting 3.goblet 4.haircut

kpò : v.to foam

kpò : n.1.stick 2.cane 3.club 4.cudgel/ n.rail/ n.tuft 2.cluster

kpò lègbè : n.1 club 2.cudgel

kpò (lè/ nɔ̀) : v.to be inert

kpó : n.1.bump 2.hump 3.mound 4.surge/ n.1.block 2.lump 3.clump/ n.1klin 2.oven/n.jump

kpódódó : n.publication 2.publishing

kpódómè : n.furrow

kpódónú : n.1.inability 2.disability 3.incapacity

kpòdɔ̀ : n.leprosy

kpódzò : n.1.oven 2.klin 3.stove

kpoé : n.podium

kpòkɔ́dzí : n.leprosarium

kpòkpò : n.fever

kpókpóókpó : adv.1.quietly 2.peacefully

kpòlú : n.1.jam 2.pickle

kpònɔ̀: n.leper

kpónyì : n.zebu

kpóó (lè/ nɔ̀) : v.1.to be quiet 2.to be

inert

kpòtí : n.1.handle 2.shaft 3.shank

kpótìtì : n1.jump 2.skipping 3.hop

4.rebound 5.gambol 6.plunge

kpótìtì ɖùfùfù : n.gallop

kpótɔ́ : n.hunchback

kpòví : n.cudgel

kpòvítɔ́ : n.n.police

kpòvítɔ́ dzòkèkèdólá : n.motorcyclist

kpòvítɔ́mègá : n.1.commissioner

2.quartermaster

kpòvítɔ́wó : n.police

kpòvítɔ́wó fé dɔ́wɔ́fé : n.police station

kpɔ́ : v.1.see 2.look 3.watch 4.behold

5.find 6.assess 7.to consult

kpɔ́ : n.1.pen 2.enclosure 3.fence

4.hedge

kpɔ́ (mé....ò) : adv.1.never 2.not at all

kpɔ́ (......) dó ŋgɔ̀: v.1.anticipate

2.forecast 3.predict 4.forebode

kpɔ́ dzìdzɔ̀: v.1.to be happy 2.be

delighted 3.to be enchanted

kpɔ́ dzìdzɔ̀ ŋútɔ́ : v.to be enchanted

kpɔ́ dzìdzɔ̀tɔ̀è : v.1.contemplate 2.think

over

kpɔ́ (.....) dá : v.1.look at 2.watch 3.see

4.check 5.verify/ v.1.visit/ prep. This is

kpɔ́ ɖŏfé : v.1.regularize 2.regulate

3.solve 4.settle 5.resolve

kpɔ́ émè : v.be tolerate

kpɔ́ gòmè : v.1.participate 2.take part 3.benefit 4,make use of

kpɔ́ hǒtsuí : v.get rich

kpɔ́ mɔ́ : v.1.to hope 2.expect/ v.have the right to

kpɔ́ nú nù : v.to be curious

kpɔ́ nú tsítótsító : v.to be curious

kpɔ́ núblánuí : v.1.to have pity 2.to have mercy

kpɔ́ núdzɔ̀dzɔ̀: v.to make a statement

kpɔ́ nyuié : v.to see clearly

kpɔ́ nyuié! : interjection. Warning!

kpɔ́ ŋùdzèdzè lè.....ŋú : v.appreciate 2.value

kpɔ́ ŋúsé : v.1.to be strong 2.to be resistant/ v.to have the right

kpɔ́ xɔ̀nɔ̀mè : v.to have a place of lodge

kpɔ́........dzí : v.1.to take care of 2.to protect 3.to watch over/ v.to govern

kpɔ́........ɖókuì : v.to look after oneself

kpɔ́.......gblɔ̀: v.to make a report

kpɔ́.......kloé : v.1.to graze 2.brush against 3.shave

kpɔ́......mè : v.1.to visit

kpɔ́......ŋkúmè : v.have the responsibility for

kpɔ́......ŋlɔ̀: v.to copy

kpɔ́......tèfé : v.1.to be present 2.to sit in

kpɔ́ɖálá : n.visitor

kpɔ́ɖéŋú : n.1.sample 2.example

kpɔ́gódó : n.1.toilet 2.bathroom 3.loo 4.water closet

kpɔ̀kplɔ̀: n.1.escort 2.convoy/ n.1.sweeping/ n.1.patronage 2.sponsorship

kpɔkplɔdɔ́ : n.1.commandment 2.order/

n.1.pursuit 2.prosecution 3.suit

kpɔkplɔyìɖémè : n.1.introduction

2.insertion

kpɔkpɔ́ : n.1.ascertainment

2.consultation

kpɔkpɔ́dá : n.1.review 2.visit 3.entry

kpɔ́mènɔ̀lá : n.1.intern 2.boarder

3.residential student

kpɔ́nɔ́ : n.1.bread

kpɔ́nɔ́ tsòtsò : n.bread slice

kpɔ́nɔ́fòfé : n.bakery

kpɔ́nɔ́fòlá : n.baker

kpɔ́nɔ́mèfé : n.bakery

kpɔ́nɔ́mèlá : n.baker

kpɔ́nɔ́tɔ́ : n.1.bread seller

kpɔ́nɔ́vívi : n.1.cake 2.biscuit

kpɔ́nǔʊɔ̀trú : n.barrier

kpɔ́tɔ́ víé bé kò : v.1.fail 2.fail to keep

promise

kpɔ́tɔé (nú-): n.the rest

kpɔ́wɔ̀: n.1.imitation 2.mimicry

3.emulation

kpɔ́xà/ kpɔ́xàxɔ̀: n.1.water closet 2.loo

3.bathroom

kpuì : adj.1.short 2.brief 3.little 4.petite

5.small

kpuí : n.podium

kpuiè : adv.1.briefly 2.shortly

kpuiè (lè-nɔ̀) : v.1.to be small 2.be short

3.be brief

kpúkpǒ : n.stool

kpúkpúì : n.1.verse 2.stanza

<u>L</u>

là : conj.1.therefore 2.thus 3.whereof

là àkú : v.1.whistle 2.pipe 3.hiss

lá : art.1.the 2.it 3.him 3.her

là : n.1.animal 2.beast 3.idiot 4.flesh 5.muscle

là gbégblé : n.carrion

là mèmè : n. n.grilled meat/fish

là núdzóɖùlá : n.ruminant

là tɔtɔ : n.fried meat/fish

là tɔxɛ̀ : n.totem

là wɔ̀àdá : n.wild cat

lá : v.1.tear down 2.kill 3.cut off 3.disconnect 4.amputate/ v.be sour

làdɔyɔlá : n.veterinarian

lằdzɔ̀ : n.horn

lằɖàʋàdɔ : n.1.rage 2.rabies 3.wrath 4.madness

lằɖèɖè : n.fishing

lằɖɔ́kítà : n.veterinarian

lằfiètsì : n.1.broth 2.stock

lằfɔnè : n.quadruped

lằfú : n.wool

lằfúwù n.1.woolen cloth 2.woolen fabric

lằgbàdzè / lằgbàlè̀ : n.1.skin 2.hide 3.leather

lằgbàlè̀tèlá : n.tanner

lằgbèdódó : n.grunting

lằgbégbléɖùlá : n.scavenger

lằhà : n.1.herd 2.flock

lààhàwó : n.livestock

làklè : n.panther

làkókó : n.skinning

làkúkónú : n.rodent

làkpákpá : n.bedbug 2.bug

làkpó / làkpɔ́ : n.barnyard

làlà : v.1.wait 2.wait on 3.wait for 4.look forward to

làlà : n.1.waiting 2.wait 3.expectancy

làlá : n.sourness

làmámlá : n.animal dressing

làmè : n.1.body 2.organism

làmè fé tòtò : n.muscularity

làmè fièfiè : n.over excitement

làmèhèhè : n.massage

làmèkà : n.1.nerve 2.sinews

làmènú : n.organ

làmèsé : n.health

làmèséfèfé : n.1.sports 2.exercise

làmèvé : n.1.lumbago

làmèvédónámè : n.1.torture 2.torment

lànú : n.machete

lánúxɔ̀xɔ̀ lè.......sí : n.disarmament

lànyà : n.1.foolishness 2.stupidity 3.silliness

lànyìlá : n.1.stock breeder 2.livestock farmer

lànyìnyì : n.animal husbandry

lásésì : n.permit 2. license

làtɔ́ : n.1.idiot 2.fool 3.moron

làtɔ́nyényé : n.1.stupidity 2.foolishness 3.idiocy

làtɔ́tɔ̀è : n.sausage

lávíndà : n.perfume

lávíndàwɔ̀fé : n.perfumery

làʋùdzí : n.1.flesh 2.pulp

làwó mlálá : n.1.trainer 2.tamer

làwó nɔ̀fé : n.zoo

làwùfé : n.1.slaughterhouse 2.abattoir

làwùlá : n.butcher

làxálàxá : n.1.saw 2.saw-fish

làxɔ: n.barnyard

làyìgà : n.grill

làzé : n.pot

lè/nɔ: v.1.to be continued 2.to find 3.to stand 4./v.1.live 2.remain/v.1.match 2.be equal to

lè/nɔ (bé) : v.have to

lè/nɔ àdǎ dzí : v.1.being fierce 2.be threatening

lè/nɔ àgbè : v.to be alive

lè/nɔ ànyí : v.1.to sit 2.stay seated 3.to be present

lè/nɔ ànyí kpóó : v.1.be wise 2.go slow

lè/nɔ ànyí sésié : v.be stable

lè/nɔ àsí : v.1.to have 2.to own 3.to hold 4.to posses

lè/nɔ àxà : prep.1.next to 2.beside 3.alongside

lè/nɔ blèwùù : v.be slow

lè/nɔ bɔbɔè : v.1.be easy 2.be possible

lè/nɔ dòdòmè : v.be neutral

lè/nɔ dɔ : v.be fasting

lè/nɔ dù dzí yí : v.to trot

lè/nɔ dzàà : v.1.be quiet / v.1.be superficial 2.be shallow minded

lè/nɔ dzǐ : v.1.persist 2.persevere

lè/nɔ dziě : v.be red

lè/nɔ dzò gbɔ : v.1.warm up 2.be near the fire

lè/nɔ dzrè dzí : v.1.to argue 2.to quarrel

lè/nɔ dzrè mè : v.1.disagree 2.be at loggerheads

lè/nɔ ɖàà : v.to be eternal

lè/nɔ ɖǐ mè : v.to be in a coma

lè/nɔ ɖòɖó mè : v.be aligned

lè/nɔ ɖòɖó nù : v.1.be logical 2.be regularized

lè/nɔ ɖòɖuízizí mè : v.be silent

lè ésìmè : conj.1.while 2.whereas 3.whilst

lè ésìmè ké : conj.1.while 2.whereas 3.whilst

lè/nɔ fǎ : v.be tolerant

lè/nɔ fàà : v.free to be

lè/nɔ̀ flùkpèè : v.being blur

lè/nɔ̀ gbàdzàà : v.be flat

lè/nɔ̀ gbòdògbòdò : v.to be turbulent

lè/nɔ̀ gbɔ̀lò : v.1.be useless 2.free to be

lè/nɔ̀ kè dzí : v.be in balance

lè/nɔ̀ klálò : v.1.be ready 2.be on stand by 3.be on call

lè/nɔ̀ klìtsàklìtsà : v.be rough

lè/nɔ̀ kplɔ̀ ŋútí : v.to be at table

lè/nɔ̀ mɔ́.......nù : v.to play role

lè/nɔ̀ ná........bé : v.1.duty 2.task 3.obligation 4.assignment/ v.1.have to

lè nyàmà/ lè nyàmǎ : v.paddle

lè/nɔ̀ nyàhèhè dzí : v.1.to argue 2.quarrel 3.squabble 4.bicker

lè/nɔ̀ ŋùtè : v.be brave

lè/nɔ̀ sésìè : v.1.be vigorous 2.be strong 3.be in good health

lè tàmè : prep.1.above 2.uppermost 3.overhead

lè/nɔ̀ tàmè : v.be over

lè/nɔ̀ tàmèbùbù mè : v.1.be anxious 2.be stable

lè/nɔ̀ tómè ná : v.1.border 2.verge 3.bind

lè/nɔ̀ tɔ̀xèè : v.1.be special 2.be typical

lè/nɔ̀ trálɛɛ́/ lè/nɔ̀ trálɛ́trálɛ́ : v.1.to be thin 2.to be late

lè tsì : v.1.to bath 2.to swim 3.to take a bath

lè/nɔ̀ tsì ŋgɔ̀ : v.to float

lè/nɔ̀ tsìtrè (nù) : v.to stand erect

lè/nɔ̀ tsràlɛɛ́ : v.1.to be thin 2.be a thin (woman)

lè/nɔ̀ ví é : v.to be small

lè/nɔ̀ vívié : v.1.to be significant 2.to be important

lè/nɔ̀ vòvò/ vòvòvò : v.1.to be distinct 2.to be different 3.to vary

lè/nɔ̀ wúsá (wúsá) : v.be thin and flexible

lè/nɔ̀......àsí ɖí : v.1.have in reserve 2.have a reservation

lè/nɔ̀..... dòmè : v.1.to be in between 2.be amongst 3.be included

lè/nɔ̀ .....dzí : prep.1.on top 2.on/ v.1.to be on point 2.to support lè/nɔ̀..... gɔ̀mè : v.1.be below 2.be underneath

lè/nɔ̀..... gbɔ́ : v.1.to be next to 2.to be beside

lè/nɔ̀..... m : v.be spirited

lè/nɔ̀.....mè : v.to be in/ prep.at the time 2.at the moment of/v.1.to include 2.consist 3.included in 4.be part of

lè/nɔ̀.....(àmè) mè : v.1.experience 2.feel 3.undergo 4.test

lè/nɔ̀.....mè (àgbè) : v.be dynamic

lè/nɔ̀.....mè(dzɪ̀dzɔ̀) : v.to be gay

lè/nɔ̀.....nù dɪ̀dɪ̀ : v.1.to resist 2.stand up to 3.struggle 4.fight off

lè/nɔ̀.....ŋú : v.1.to be against 2.to be certain

lè/nɔ̀.....sɪ́ : v.1.to have 2.to posses 3.to hold

lè/nɔ̀.....sɪ́ (àlɔ̀mè) : v.to be rich

lè/nɔ̀.....sɪ́ (ŋúsɛ́) : v.to have the right

lè/nɔ̀.....tà : v.to be over 2.to be certain

lè/nɔ̀.....té : v.to be under

lè/nɔ̀.....téfé : v.to be present 2.be at a place

lè/nɔ̀.....tó(mè) : v.to be on the verge of

lè/nɔ̀.....xà : v.be found next to

lè/nɔ̀.....(dzòdzò) : v.to be hot

lè àmèḍókuǐ nyuié : v.keep morale

lé àvù : v.to separate people fighting

lé àvù lè nɔ̀èwó dòmè : v.to reconcile

lé àyɪ́ : v.to ride

lé bè : v.1.to take care of 2.look after

lé blǎnuɪ́ : v.1.to be sad 2.to be sorrowful

lé dɔ̀ : v.1.to be sick

lé dzɪ̀ ḍé fò : v.to keep cool

lé dzò : v.1.inflame 2.flame up

lé dzòdzò : v.1to warm up 2.to heat up

lé fè : v.1.smolder 2.incubate 3.hatch

lé fù : v.to bear a grudge

lé yèbià : v.1.to rust 2.to oxidize

lé hlò : v.1.to strangle 2.to choke 3.strangulate

lé kpɔ́ : v.to feel

lé nyàwó......fò fú : v.1.to summarize 2.outline 3.wrap up 4.embody

lé ŋkú : v.be attractive

lé ŋkú (ḏé...ŋú) : v.1.to inspect 2.to observe

lé tèfé : v.to make reservation

lé tó (ḏé...ŋú) : v.to pay attention

lé......ḏé àsí : v.1.to maintain 2.sustain 3.retain

lé......ḏé tà : v.1.to charge 2.inculpate

lé......ḏé tè : v.1.to maintain 2.sustain 3.retain

lé......ḏókuí : v.to comport oneself

lé......kɔ́kpɔ́ : v.to heft

lé......tsó : v.1.raise 2.pick up 3.lift

léfé : n.piano key

légbà : n.idol

léké : n.1.elegance 2.sophistication 3.stylishness

lékéwɔ̀wɔ̀ : n.toilet

lèlé : n.1.seizure 2.taking 3.capture 4.arrest 5.handling

lèléḏéàsí : n.retention 2.bearing

lèléḏí : n.1.retention 2.preservation

lèlèkú : n.pepper

lèlèkúgblè : n.pepper pot

lèlèkúgò : n.pepper

lèlèkúkà : n.pepper shrub

lèlémè : n.1.outfit 2.attire 3.dress 4.uniform

lὲ : n.larva

lὲtà : n.letter

lὲtàdzínú : n.stamp

lὲtàḏóḏáfè : n.postage

lὲtàfètútú : n.postage

lὲtàkòtòkú : n.envelop

lὲtríkì dɔ́wɔ̀lá : n.electrician

lὲtríkì fé ŋúsɛ́ : n.electric current

lὲtríkìféŋúsɛ́tèfé : n.power plant 2.power station 3.power house

lὲví : n.amoeba

lì : v.1.be there 2.be in existence 3.be present

lì (àwù) : v.to iron clothes

lì (drɔé) : v.to retell

lì (mé-ò) : v.to be absent

lì : n.1.millet 2.canary seed

lì àsí : v.1.smooth 2.sleek 3.stroke

lì ɖáá : v.to be eternal

lí : v.1.secure 2.stare 3.fix 4.shine

lí ɖí : v.1.resist 2.stand up 3.stand up to

lí kè : v.1.be rooted 2.be tough

lí kɔ́ : v.1.stack 2.pile up 3.heap up

lì àmè ŋú : v.1.speak ill 2.back bite 3.spread scandal

lì lìʊ́líʊ́ : v.1.to murmur 2.to mutter

lià : n.1.ladder 2.scale

lià (kɔ̀-ná) : v.have torticollis

liá : v.1.climb 2.ascend

lìɖɔ̀ɖɔ̀ : n.1.replacement 2.substitution

lìɖɔ̀ɖɔ̀ àfɔ̀ : n.strain

lífó : n.1.limit 2.boundary 3.borderline

lìlì : v.1.rub down 2.scrub 3.scrape

lìlì : n.friction

lìlì ŋú : v.brush against 2.graze

lìlì....wó nɔ̀èwó ŋú : v.rub hands

lìlí : n.1.defection 2.stick-up

lìlĩ̀ : n.wasp

lìsé : n.1.high school 2.secondary school

lìsédèlá : n.high school student

lítà : n.litre

lìʊ́líʊ́í : n.murmur

lìʊʊí : n.pangolin

ló : v.1.to melt

ló : n.1.crocodile 2.proverb

lòbòmè : n.1.trunk 2.stem 3.body

lódódó : n.proverb

lòhòlóhó : n.blister

lóklóʊ́í : n.siren 2.hooter

lòlò : adj.1.big 2.wide 3.vast 4.extended

lòlò : v.1.to big 2.to be wide 3.to be vast

lòlò (...)ɖé édzǐ : v.1.to expand 2.dilate 3.enlarge

lòlò gã́ : adj.1.wide 2.broad 3.vast

lóló : v.1.to melt 2.melt down

lòlòɖédzǐ : n.dilatation

lòlòlò : n.1.size 2.thickness 3.magnitude 4.greatness

lòlóló : n.melting

lòlòmè : n.1.size 2.thickness 3.magnitude 4.greatness

lóò : adv.how/ prep.than

lóó àló : conj.1.or 2.or else 3.that is to say

lótàmèkpé : n.1.diamond 2.ice 3.rock

lɔ́ : v,1,pick up 2.gather/ v.to bump

lɔ́......dé xɔ̀mè : v.1.run into 2.crash into

lɔ́ dù : v.1.race 2.get carried away 3.bolt

lɔ́ ɖǐ : v.be stained

lɔ́ sɔ́ : v.to collect money contributed

lɔ́.....kplé gàxá : v.to rake

lɔ́.....nɔ̀èwó : v.to crash into each other

lɔ̀: v.1.love 2.accept 3.admit/ v.1weave 2.loom 3.spin 4.plait

lɔ̀ ɖé dzí : v.agree 2.consent 3.grant

lɔ̀ núsɔ́srɔ̃́ : v.be studious

lɔ̀ nyàwúmètɔè : v.to resign

lɔ̀ wú : v.1.prefer 2.choose 3.favor 4.would rather (aux verb)

lɔ̀bɔ̀: adj.oval

lɔ̀fò : adv.1.about 2.approximately 3.nearly 4.just about

lɔ̀kì : n.lock

lɔlɔ́ : n.1.collection 2.gathering

lɔlɔ̃̀ :n. 1.love 2. affection

lɔlɔ̃̀nù : n.1.wish 2.pleasure 3.will power 4.volition

lɔlɔ̃̀nùnùnáná : n.charity

lɔlɔ̃̀nyuídɔ́wɔ̀lá/ lɔlɔ̃̀nyuítɔ́ : n.volunteer

lɔlɔ̃̀tɔ́ : n.1.lover 2.sweetheart 3.suitor

lɔ̃̀xó : n.mother-in-law

lù : v.1.befall/ v.to shave 2.to raze

lù : n.1.corn 2.grain 3.wheat

lǔ : v.1.to rush 2.precipitate 3.plunge

lǔ ɖé dzí : v.to lynch

lǔ fú ná : v.1.mow 2.shear 3.shave

lǔ ʋà : v.1.to rush 2.precipitate 3.plunge

lǔ lǔdòé : n.1.burrow 2.terrier 3.hole

lùlǔ : n.1.shaving 2.mowing

lùʊ̀ɔ̀ : n.soul 2.lifeblood

M

m : pron.1.me 2.myself 3. I

mà : v.1.try 2.attempt 3.test 4.test

mà nú kpɔ̀: v.to venture

má : v.1.distribute 2.dispense 3.supply
4.divide 5.share split 6.separate
7.partition 8.group 9.breakdown

má àmè : v.to be used to

má tó : v.to be familiar

má.....ḓé àkpá àkpá : v.1.parcel out
2.divide

máà : conj.1.so 2.therefore 3.thus
4.whereof

màbùàmè : adj.1.rude 2.impolite
3.uncivil 4.discourteous

màdèblíbò : adj.1.incomplete
2.unfinished 3.patchy 4.sketchy

màdèŋgɔ̀: adj.1.underdeveloped
2.undeveloped

màdètó : adj.1.superficial 2.shallow
3.surface 4.facile 5.cursory

màdzèmàdzè : adj.1.coarse 2.rough
3.vulgar 4.uncouth 5.gross 6.rude

mádzíki: n.1.magic 2.conjuring

mádzíkiŋúsé : n.magic power

mádzíkitɔ́/ mádzíkiwɔ̀lá : n.magician

mádzíkiwɔ̀wɔ̀: n.1.magic 2.conjuring

mádzɔ̀kpɔ́ : adj.1.weird 2.strange 3.odd
4.unusual 5.eerie

**mádzùdzɔ̀è/ mádzùdzɔ̀mádzùdzɔ̀è/
mádzùdzɔ̀mádzùdzɔ̀tɔè** : adv.1.tirelessly
2.non-stop 3.constantly

màdinúwó (nú) : n.1.rubbish 2.cheap
junk

màḓɔ̀ḓɔ́ : n.incorrectness

màhógèn : n.mahogany

màkáḓédzí : n.1.indecision
2.indecisiveness

màkàròní : n.1.macaroni 2.noodles
3.pasta

màkɔ̀màkɔ̀: adj.1.impure 2.unclean
3.tainted

màkɔ̀màkɔ̀nyényé : n.impurity

màkpɔ́màkpɔ́ (lè mɔ́-mè) :
adv.unexpectedly

màlìmàlì : n.1.imbalance 2.unsteadiness
3.maladjustment

màlɔ̀nú : adj.1.severe 2.harsh 3.stern
4.tough 5.serious

màmá :
n.1.grandmother/n.1.distribution
2.separation 3.division 4.breaking
down/n.1.practice 2.custom

màmádɔ́ : n.1.transmission 2.transfer
3.passing on 4.conveying

màmámàmá/ màmámàmɛ : n.great
grandmother

màmámè : n.1.paragraph 2.section

màmámàmɛyɔ́ví : n.1.great grandson
2.great grand daughter(relating to the
grandmother)

màmámàmɛyɔ́ví nyɔ́nù : n.grand
daughter (relating to the grandmother)

màmámàyɔ́ví ŋútsù :n.grandson
(relating to the grandmother)

màmíwàtá : n.mermaid

màmlá : v.1.tame 2.manage 3.master

màmlɛ : adj.1.last 2.final 3.later
4.rearmost

màmlɛ (nú) : n.1.remainder 2.residue
3.remnant 4.scrap 5.left-over

màmlɛáwó : n.1.remainder 2.residue
3.remnant 4.scrap 5.left-over (plural)

mànámàná : n.deprivation 2.deprival
3.privation

màndàríhnàŋùtí : n.mandarin
2.tangerine

mànyàtànù : adj.1.funny 2.amusing
3.comical 4.comic

mànyètó : n.1.tape recorder 2.recorder

mànyómànyó : adj.1.bad 2.evil 3.wicked
4.nasty 5.unpleasant

màŋgò : n.mango

màŋgòtí : n.mango tree

màŋkàní : n.cocoyam 2.taro

màrgàrínèbútrù : n.margarine

màsà : n. June

màséfé : n.infinity

màsɔ̀màsɔ̀: n.litigation

mátsɛ́sì : n.matches 2.match

màvɔ̀: adj.1.eternal 2.endless 3.timeless
4.perpetual 5.infinite 6.everlasting

màvɔ̀màvɔ̀mè : n.1.eternity 2.lifetime

màvɔ̀màvɔ̀tɔ́: adj.1.eternal 2.endless
3.timeless 4.perpetual 5.infinite
6.everlasting

màvɔ̀màvɔ̀tɔè : adv.1.eternally
2.perennially

màʋàmàʋà : n.1.immobilization 2.hold
3.conversion

màʋàmàʋà : adj.1.motionless
2.immobile 3.still 4.standstill

màwɔ̀nú : adj.1.dry 2.arid 3.barren
4.lifeless

Máwú : n. God

Máwúdɔ́lá : n. Angel

máwúnyàgbɔ̀gblɔ̀: n.1.preaching
2.sermon

máwúxɔ̀: n.1.temple 2.church

mè : v.to grill

mè : prep.1.inside 2.in 3.into 4.within

mè- : personal pron. (I)

mè-....ò/ m-....ò : adv.1.do not 2.not

mèdzɔ̀dzɔ̀kpɔ́kpɔ́ : n.finding

mèɖèɖè : n.1.justification 2.explanation
3.vindication 4.warranty

méɖìɖì ò : adv.1.recently 2.newly
3.lately 4.freshly

mèɖóɖó : n.1.impregnation
2.penetration

mègà.....ò : adv.do not

mègbé : n.1.back 2.spine 3.reverse

mègbé : prep.1.behind 2.after

mègbé : n.1.posterior 2.backside
3.rump 4.behind

mègbé kò : adv.after that

mègbédànú : n.guarantee

mègbéɖóɖó : n.1.will 2.testament

mègbéɖónú : n.guarantee

mègbégà : n.1.latch 2.safety latch

mègbékpó : n.1.backbone 2.spine

mègbémègbé : adv.backwards

mègbétí : n.1.latch 2.safety latch

mègbétɔ̀: adj.1.posterior 2.late
3.belated 4.tardy

mègbétsílá : n.late comer

mègbétsítsí : n.1.delay 2.lateness
3.hold-up 4.hitch

mèkàkà : n.1.analysis 2.anatomy
3.divestiture

mèkɔkɔ: n.1.enlightenment
2.clarification 3.explanation

mèkpó : n.backbone

mélè : n.1.ship 2.boat 3.vessel

mèmáglì : n.partition 2.divider

mèmámá : n.1.division 2.split
3.partition

mémí : adj.1.fine 2.thin 3.slender

mémiè : n.1.sprout 2.shoot 3.growth

mémlédó/ mémlédógbè : n. Saturday

métà : n.meter

mètótó : n.1.crossing 2.passage
3.voyage 4.traverse

mètsònú : n.1.impediment 2.obstacle
3.preclusion 4.tenoning

mètsónú : n.1.result 2.consequence
3.outcome 4.repercussion

mètsòtsò : n.1.crossing 2.passage
3.voyage 4.traverse

mɛ́lì : n.1.ship 2.boat 3.vessel 4.keel

mɛ́lìdzèfé : n.1.harbor 2.port

mì : v.1.swallow 2.gulp 3.swoop 4.drink
in

mì : pron.you

mì : pron.1.we 2.us 3.you

mí : pron.1.us

mí : n.1.dung 2.dirt

mìà : Possessive pron.1.your

mìà : Possessive pron.1.your

mìà....wó : pron.1.your

mìà nɔ̀èwó : n.1.you/ adv.1.mutually

miá : pron.1.our

mìà nɔ̀èwó : pron.1.we 2.us

miá hlò ná : v.1.strangle 2.choke
3.strangulate 4.suffocate

mìà vě ná : v.1.strangle 2.choke
3.strangulate 4.suffocate

mìà....wó : pron.1.your

mìàfé (....a/ lá) : pron.your

míáfé....wó : pron.1.our

míáfé : pron.our

míáfé....wó : pron.1.our

míágàdó gò/ míágàkpé :
interjection.1.goodbye! 2.bye! 3.so
long!

miàmè : adj.gauche

miàmètò : adj.gauche 2.wing

miàmiá : n.1.narrowing 2.shrinkage 3. Stricture

miànò: n.left-handed

miàtò: pron.your

míátò: pron.our

miàwó : pron.you

míáwó : pron.1.we 2.us

míáwó ŋútó : pron.ourselves

miàwóé zò: v.welcome

miè : v.1.push 2.press 3.shoot/ v.1.dry up 2.swelling

miè : pron.you

míé : pron.we 2.us

mièmiè : n.1.germination 2.sprouting

mièmièfé : n.1.germ 2.seed 3.sprout 4.spark

mikró : n.micro

milià : n.billion

miliàdɛ : n.billionaire

milimétà : n.millimeter

milíɔ̃: n.million

miliɔ̀nɛ : n.millionaire

mimi : n.swallowing

mimi ḍèká : n.1.gulp 2.swallow

mínítì : n.minute

mínyèfé : n.anus

mísà : n.mass

mitsì : n.glanders 2.snot

mitsitètèḍó : n.1.sniffing 2.sniff

mívɔé : n.cholera

mlá : v.1.tame 2.train 3.domesticate

mlá́ : v. turn

mláfòfò : n.invocation

mlálá : v.1.tame 2.master 3.manage

mlátò : n.mulatto

mlékpuí : n.camping stove

mlí : v.1.roll 2.wheel 3.circulate 4.furl

mlí vó kò: v.1.surge 2.break 3.roll in

mlígoè : adj.cylindrical

mlímɔ̀(nú) : n.sphere 2.globe 3.ambit

mló : v.1.unroll 2.unwind 3.unwrap

mlɔ́ ànyí : v.1.to go to bed 2.to lie down
3.to sleep

mlɔèbá : adv.1.finally 2.at last 3.after all

mlɔètɔ̀/ mlɔètɔ́ : adj.1.last 2.latter
3.final

mlɔ́fé : n.sleeping

mò : n.1.face 2.countenance

Mòbá / Mòbátɔ́ : n. Moba

mòdzáká : n.1.boredom 2.vexation

mòdzákádèdè : n.1.distraction
2.entertainment 3.amusement
4.diversion

mòdzákátsàdìdì : n.1.tourism
2.sightseeing 3.touring

mòdzákátsàdìlá : n.tourist

mòfúfú : n.washing of the face

mòfúfé : n.bathroom sink

mòfúgbá : n.1.basin 2.bowl 3.lavatory
4.washtub

mòkáká : n.1.blame 2.reprimand
3.rebuke

mòmló : n.1.progress 2.development
3.flow

mòtɛ́ : n.1.engine 2.motor

mòtɔ́trɔ́/ mòtrɔé : n.1.dizziness 2.spell
3.giddiness

mòtsyɔ́tsyɔ́ : n.1.glare 2.dazzle

mòtsyɔ́vɔ́: n.1.sail 2.veil 3.curtain 4.fog

mɔ̀/mɔ̃̀ n. 1.machine 2.engine
3.apparatus/ n.1.trap 2.snare

mɔ̀ : v. bonk 2. to have sex

mɔ́mɔ́ : mɔ́ klàtsà/ mɔ́ klìtsà :
n.1.caterpillar 2.tractor

mɔ́ : v.1.deny 2.negate 3.gainsay

mɔ́ : n.1.path 2.way 3.road 4.track
5.runway 6.trail/ n.1.breach 2.notch/
n.1.hatchway

mɔ́ (dè-ná/ná) : v.1.tolerate 2.suffer
3.allow 4.put up with

mɔ́ (lè/nɔ̀.......dzí) : v.to be about to

mɔ́ (lè/nɔ̀-nú) : v.1.play a role 2.play a
part 3.perform a part

mɔ́fé dìdì mè : n.1.path 2.journey
3.ride

mɔ́ kpuì : n.1.shortcut 2.short way off

mɔ́ nù : n.1.deny 2.negate 3.gainsay

mɔ̃́ : n.1.castle 2.tower 3.palace
4.mansion

mɔ́dò : n.trench

mɔ̀dòlá : n.motorcyclist

mɔ́dɔ́wɔ̀lá : n.1.road man 2.track man

mɔ́dzèfé : n.1.branch 2.junction 3.turn off 4.crossroads 5.intersection

mɔ́dzèklé : n.bifurcation

mɔ́dzèkplí/ mɔ́dzèkplínù : n.1.crossing 2.crossroads 3.junction

mɔ́dzíyìʋú : n.taxi

mɔ́dzɔ̀dzɔ̀ : n.1.steering 2.pilotage

mɔ́dzɔ̀tí : n.1.handle bar 2.steering wheel 3.wheel

mɔ́ɖèɖè : n.permission 2.permit 3.courtesy

mɔ́ɖègbàlè : n.1.permit 2.order 3.license

mɔ̀ɖèsùsú : n.computer 2.data processor

mɔ́fiádzò : n.1.traffic light 2.turn signal

mɔ́fiálá : n.guide 2.conductor

mɔ́fiánú : n.landmark

mɔ́fiásí : n.index finger

mɔ́fiátí : n.1.sign post 2.signboard

mɔ̀fòlá : n.typist

mɔ́gíglí : n.deviation 2.deflection 3.detour 4.drift

mɔ́gò : n.bank

mɔ́gbàʋú : bulldozer

mɔ́gbèdé : n.mechanic 2.mechanic engineer

mɔ́kàkà : n.1.screening 2.detection 3.unearthing

mɔ́kèkè : n.1.leave 2.holiday 3.vacation

mɔ́kèkèɖùlá : n.holiday-maker

mɔ́kèkèválá/ mɔ́kèkèxɔ̀lá : n.holiday-maker

mɔ́kpɔ́kpɔ́ : n.1.hope 2.expectation 3.hopefulness

mɔ́lì : n.rice

mɔ́lì màtómàtó : n.paddy

mɔ́lì gblè : n.rice farm

mɔ́màkpɔ́mɔ́màkpɔ́ (lè-mè) : adv.unexpectedly

mɔ̀mè : n.mechanics

mɔ́mèfià : n.emperor

mɔ̀mèmì : n.1.fuel 2.gas

mɔ̀mènú : n.mechanics

mɔ́nágbàlě : n.license 2.permit

mɔ́náná : n.authorization

mɔ́nù : n.1.way 2.manner 3.method
4.fashion/ n.1.exit 2.outlet/ n.1window
2.counter/n.1.style 2.design

mɔ́nùɖèɖè : n.1.opening 2.gap
3.aperture

mɔ́nùkpɔ́kpɔ́ : n.1.possibility 2.chance
3.alternative

mɔ́slὲmtɔ́ : adj.1.Muslim 2.Islamic

mɔ́tàtrà : n.1.skid 2.deviation
3.deflection

mɔ̀té : n.1.mill 2.grinder

mɔ̀tétùlá : n.miller

mɔ̀tɔ̀è : adv.mechanically

mɔ́tɔ́trɔ́: n.1.deviation 2.deflection

mɔ̀tràkpuì : n.1.elevator 2.lift

mɔ̀trónú : n.1.crank 2.handle

mɔ́tútú : n.1.barrage 2.roadblock

mɔ́tsòtsò (ná) : n.1.interception
2.intercept

mɔ́ví : n.1.gate 2.barrier

mɔ́ʊè : n.1.ravine 2.gulch

mɔ́wó : n.1.path 2.journey 3.distance

mɔ́xáfé/ mɔ́xáxá : n.1.turn 2.turning
point 3.twist 4.shift 5.twist

mɔ́xénù : n.1.obstruction 2.blockage
3.stoppage

mɔ́xénú : n.1.barrier2.fence 3.gate
4.barricade

mɔ́xétí : n.1.barrier2.fence 3.gate
4.hurdle 5.rack

mɔ́xéxé : n.1.barrier2.fence 3.gate
4.hurdle 5.rack 6.refusal 7.rejection

mɔ̀zínú : n.1.press 2.racket press

mɔ́zɔ̀ɖákà : n.1.suitcase 2.traveling bag

mɔ́zɔ̀gbàlěví : n.passport

mɔ́zɔ̀lá : n.1.traveler 2.passenger
3.pilgrim

mɔ́zɔ̀tàksí : n.taxi

mɔ́zɔ̀xɔ̀: n.1.tent 2.canvas 3.pavilion

mɔ́zɔ̀zɔ̀: n.1.tour 2.trip 3.journey
4.transportation

mù : v.1.tear down 2.knock down
3.tumble down 4.fall down 5.overthrow

mú : v.to be drunk 2.to get drunk

mú : n.mosquito

mú àhà : v.to be drunk 2.to get drunk

múdɔ́ : n.mosquito net

mùlátò : n.mulatto

mùmù : n.1.fall 2.downfall 3.overthrow
4.overturn

mùmǔ : n.1.fresh 2.youthful 3.dewy

múmuí : n.mute

mútí/ mútímútí : v.grumble

mùzíkì : n.music

N

nà : pron.you

ná : v.1.give 2.donate 3.give away
4.hand over 5.yield 6.offer 7.award
8.return 9.provide 10./v.1.emit
2.transmit 3.provoke 4.restore

ná : prep.1.for 2.to 3.of 4.thanks to
5.due to 6.by dint of

ná àsì : v.1.valorize 2.appreciate
3.glamorize

ná àsr̂ : v.1.purge 2.scour

ná bùbùdzèsì : v.1.decorate
2.ornament 3.embellish 4.enrich

ná dɔ́fé : v.1.to house 2.accommodate
3.lodge

ná dzèfé : v.1.accommodate 2.shelter
3.lodge 4.house 5.harbor

ná dzèsì : v.1.to note 2.record 3.write
down

ná dzèsìdédé : v.1.to note 2.record
3.write down 4.to mark down 5.to grade

ná dzǐdzèdzè : v.1.to satisfy 2.gratify
3.to please

ná dzìdzèmè : v.1.to appease 2.soothe
3.pacify 4.mollify 5.assuage 6.to settle

ná d̩ò d̩ódzèsì : v.to register

ná éd̩ókuì : pron.1.himself 2.herself

ná fàfá : v.1.to refresh 2.to cool

ná kàkád̩édzí : v.1.to attest 2.certify
3.beat witness 4.testify

ná kpékpéd̩éŋú : v.1.to give help to 2.to
rescue

ná mɔ́ : v.1.tolerate 2.allow put up with

ná nò : v.to breast-feed 2.suckle

ná nɔ́bà : v.to register a car

ná nú : v.1.reward 2.repay 3.reimburse
4.requite

ná núnáná : v.1.reward 2.repay
3.reimburse 4.requite

ná nyànyá : v.1.inform 2.advise
3.preclude 4.obviate

ná ŋ́kɔ́: v.1.to call 2.to title

ná ŋ́kɔ́ ná : v.1.to inscribe 2.enroll 3.put
down 4.note down 5.mark down

ná tà : v.1.capitulate 2.surrender
3.resign 4.stand down 5.step down

ná.......sɔ̀: v.1.to balance 2.equilibrate 3.counterbalance

nàdzá : n.naja

Náidzà : n. Niger

Náidzérià : n. Nigeria

nákè : n.1.wood 2.timber 3.piece of wood 4.dry wood

nákè báblá : n.a bundle of dry wood

nákè wúwluí : n.1.wood 2.timber 3.piece of wood 4.dry wood

nákèfɔlá : n.1.woodcutter 2.lumberman 3.woodsman

nákègbà : n.a bundle of dry wood

nàkó : n. Nako

nám : pron.1.me 2.myself 3.of mine

náné : pron.1.something 2.anything

nánéké ò : n.1.nothing 2.nil 3.zilch 4.zero

nè : pron.you

né : conj.1.if 2.whether 3.when 4.provided that

né ɖě : conj.1.if 2.whether

né.....kò (à) : conj.1.as soon as 2.provided that

né ményé nèném ò lá : conj.1.if not 2.otherwise

néfí : n.palm kernel

négbé : prep.1.except 2.apart from 3.unless

négbé gódóó : conj.at least

négblè : n.coconut grove

nékú : n.palm kernel

nèném / nènémá : adv.1.thus 2.so 3.thereby

nènémá ké : adv.1.also 2.equally 3.likewise 4.as much 5.thereby

nènémá gbègbè : adv1.so 2.so much 3.such

néniè : adv.1.how much? 2.how many?

nénɔ àgbè ɖáá : phrase. Viva!

nétí : n.coconut

névé : n.coconut groove

nɛ : pron.1.him 2.it 3.her 4.for him

nìlɔ̃ : n.nylon

nívàkínì : n.nivaquine

nò : v.to drink 2.to drink up

nò fà : v.to snore

nò tsì : v.to drink water

nò kple dzìdzɔ : v.1.deguster 2.savor

nǒ : n.1.udder 2.breast 3.nipple

nò nǒ : v.1.to suckle 2.to suck breast

nògò/ nògoè : adj.1.round 2.circular

nóléwù : n.1.bra 2.brassiere

nònó : n.breast

nònóyì : n.breast feeding time

nónónó : n.breast

nónùví : n.1.bra 2.brassiere

nótsòtsò : n.weaning

nówuì : n.1.bra 2.brassiere

nɔ̀: v.1.live 2.stay 3.occupy 4.lodge
5.remain 6.reside 7.dwell/ v.to exist

nɔ̀: n.mother

nɔ̀ àfé : v.be blank

nɔ̀àmèsí : n.1.wealth 2.richness 3.riches
4.affluence

nɔ̀àmèsítɔ́ : n.rich person

nɔ́bà : n.number

nɔ̀dzí : n.1.seat 2.chair 3.bench 4.couch

nɔ̀dèyɔ́ví nyɔ́nù/ nɔ̀dìyɔ́ví nyɔ́nù :
n.niece

nɔ̀èwó : n.each other

nɔ̀fé : n.1.dwelling 2.abode 3.residence
4.cottage/ n.1.deposit 2.field/
n.1.position 2.situation

nɔ̀fé kɔ́kɔ́ : n.1.platform 2.stage

nɔ̀fémɔ́ : n.address

nɔ̀gávínɔ̀dèví/ nɔ̀gávínɔ̀dìí/ nɔ̀gááyɔ́ví :
n.nephew (relating to the maternal side)

nɔ̀gáyɔ́ví nyɔ́nù : n.niece

nɔ̀nɔ̀: n.1.presence 2.attendance

nɔ̀nɔ̀ ŋkèkèwó : n.1.stay 2.visit
3.sojourn 4.homeliness

nɔ̀nɔ̀mè : n.1.attitude 2.comportment
3.temperament 4.behavior

nɔ̀nɔ̀mè bàɖà : n.bad behavior 2. Bad
attitude

nɔ̀nɔ̀mèbùbù : n.1.appraisal
2.assessment 3.rating

nɔ̀nyè : n.1.mum 2.mother

nɔ̀ŋùtè : adj.1.valiant 2.brave 3.gallant
4.courageous 5.stout 6.manful

nɔ̀ví : n.1.brother 2.sister 3.cousin

nɔ̀ví ŋútsù : n.brother

nɔ̀ví suètɔ́ : n.little brother

nɔ̀ví tsìtsìtɔ́ : n.oldest brother

nɔ̀ví nyɔ́nù : n.sister

nɔ̀vísílélé : n.1.solidarity 2.fraternity
3.brotherhood

nɔ̀yɔ́ví : n.nephew

nɔ̀yɔ́ví nyɔ́nù : n.niece

nù : n.1.mouth 2.mouthpiece
3.entrance/ n.1.end 2.tip 3.extremity

nú : n.1.thing 2.object 3.article 4.supply
5.material

nú blíbò : n.1.total 2.overall
3.aggregate

nú dàdà : n.1.missile 2.projectile

nú dzɔ̀àtsú : n.1.feat 2.exploit

nú ɖìɖéàmè : n.1.surprise 2.shock
3.astonishment

nú ʤɔ̀lì : n.spare room

nú fɔfɔ̀: n.find

nú gá : n.1.feat 2.exploit

nú gbégblɛ́wó ɖèɖèɖá : n.1.cleaning
2.scrub 3.cleansing

nú yàylá : n.1.secret 2.secrecy 3.privacy

nú káká : n.1.slice 2.slat 3.slab

nú kpàkpà : n.1.sculpture 2.carving

nú kpɔtɔ́é : n.1.remainder 2.residue
3.remnant

nú màmlɛ̀ : n.1.remainder 2.residue
3.remnant

nú mlímɔ̀: n.1.sphere 2.globe

nú nògò : n.1.sphere 2.globe

nú nyuí : n.1.wonder 2.marvel 3.miracle

nú sùsɔ̀é : n.1.remainder 2.residue
3.remnant

nú tɔxɛ̀ srɔ́srɔ̃́ : n.specialization
2.expertise

nú tsróloé : n.1.liquid 2.fluid

nú véví : n.1.need 2.necessity
3.requirement

nú vló wɔwɔ̀ : n.1.insolence
2.impertinence

nú wɔwɔ̀ : n.1.creature 2.product

nú yéyě : n.1.new thing 2.novelty

nú yɔ́yɔ́ : n.1.term 2.word

nùbáblá : n.1.youth 2.junior 2.juvenile

Nùbáblá xóxó/ Nùbáblá yéyě : n.1.old
testament 2.new testament

núbáblá : n.1.union 2.testament/
n.package

núbábláylètí : n. Ramadan

núbáblɛ : n.packet 2.package

núbiabiá : n.1.demand 2.request 3.supplication 4.desire 5.requisition

núbiabilá : n.1.beggar 2.supplicant 3.solicitor

núblánuí : n.1.pity 2.mercy 3.sadness 4.sorrow

núblánuí (wɔ̀) : v.1.be miserable 2.to pity

núblánuíkpɔ̀kpɔ̀: n.1.leniency 2.forgiveness 3.pity 4.mercy

núblánuítɔ́ : n.1.unfortunate 2.wretch

núblánuítɔ̀è : adv.1.sadly 2.unfortunately 3.regrettably 4.unhappily

núdàdà : n.1.launching 2.initiation 3.casting

núdàd̥ófé : n.1.shelf 2.rack 3.reservoir

núdàmɔ̀: n.1.scale 2.rocker 3.seesaw

núdídàd̥í : n.provision

núdídí : n.search

núdódó : n.reconciliation

núdódó : n.1.setting/ n.clothes 2.outfit/n.1.sowing 2.seed

núdódókpɔ́ : n.1.examination 2.review 3.test

núdɔ́dɔ́: n.order

núdɔmèfàatɔ́ (nyé) : v.to be generous

núdzádzrá : n.sale

núdzèàmèdzí : n.1.fainting 2.unconsciousness 3.black-out

núdzèdzè : n.1.cut 2.incision 3.slit

nùdzòdzoè : n.insect

nùdzòdzoèd̥ùlá : n.insectivorous animal

nùdzòdzoètíkè : n.insecticide

nùdzɔ̀dzɔ̀ : n.1.event 2.occurrence 3.occasion/ n.1.finding 2.quest

nùdzɔ̀dzɔ̀d̥ùlá : n.ruminant

nùdzɔ̀d̥éàmèdzí : n.1.adventure 2.experience 3.escapade

nùdzràd̥ró : n.1.saving 2.repair 3.mending

nùdzràd̥ród̥ófé : n.1.store room 2.warehouse 3.storehouse

nùdzràlá : n.1.vendor 2.trader 3.seller 4.dealer

nùd̥àd̥à : n.food preparation

nùd̥àgbá : n.1.pan 2.saucepan 3.pot 4.casserole

nùd̥àlá : n.1.chef 2.cook

nùd̥èd̥è : n.1.vomiting 2.vomit

nùd̥èd̥è lè....dzí : n.1.subtraction 2.clearing

nùḍèḍèḍá lè....dzí : n.1.liberation
2.emission 3.clearance

nùḍèfiá : n.1.exposition 2.exhibition
3.show

núḍóḍá : n.1.dispatch 2.send-off
3.sending

núḍóḍó : n.1.institution 2.prescription

núḍɔḍɔ: n.1.description 2.depiction
3.demonstration

núḍɔ̀lìḍɔ̀lì : n.1.barter 2.swap
3.exchange

núḍúḍɔ́ : n.licking

núḍùḍù : n.1.food 2.foodstuffs
3.consumption 4.meals

núḍùḍùḍákà : n.pantry

núḍùḍùgbàlè/ núḍùḍùwó : n.menu

núḍùfé : n.1.eating place 2.restaurant

núḍùlá : n.consumer

núḍùxɔ: n.1.dining room

núfágò : n.1.cooler 2.ice house

núfámɔ: n.1.freezer 2.deep freeze
3.refrigerator 4.lesson

núfiáfiáḍɔ́ : n.1.education 2.teaching
3.instruction

núfiálá : n.1.teacher 2.instructor
3.professor 4.schoolteacher

núfifi : n.1.theft 2.robbery 3.stealing

núfifikpɔ́ : n.cheat

núfikpɔ́lá : n.1.cheater 2.cheat

núfófló : n.1.lift-off 2.take-off

núfàfà : n.1.sowing 2.seedling

núfèflè : n.purchase 2.buying

núflèlá : n.1.buyer 2.shopper

nùfò : n.1.interview 2.talk 3.negotiation

nùfò sɔ̀gbɔ̀ fúflǔ : n.ramble

nùfòdónámè : n.1.teasing 2.chaff

nùfòfiá : n.talkative

nùfòfò : n.1.talking 2.narrative 3.chit-
chat

nùfòlá : n.1.talkative 2.orator 3.speaker

núgá̃dílá : n.an ambitious person

núgádílá (nyé) : v.to be ambitious

núgàgà : n.weeding

núgódó : n.1.toilet 2.bathroom 3.loo

núgoè : n.tube 2.pot 3.pipe

núgɔ̀mèdídí : n.curiosity
2.inquisitiveness

núgɔ̀mèkùkù :n.investigation 2.inquiry
3.probe

núgòmèkpɔ́kpɔ́ : n.curiosity
2.inquisitiveness

núgòmèmàsè : n.1.misunderstanding
2.quarrel

núgòmèsèsè : n.1.comprehension
2.understanding 3.connotation

núguí : n.1.box 2.can 3.case 4.tin

núgbàgbà zìwɔ̀wɔ̀: n.1.crash 2.smash
3.clatter

núgbágbè : n.living thing

núgbéɖólá : n.1.plotter 2.schemer

núgbéɖóɖó : n.plot 2.conspiracy
3.scheme

núgbégbé (lè àmèɖókuǐ gbɔ́) :
n.1.renunciation 2.abnegation

núgbégblé : n.1.damage 2.havoc 3.harm
4.sabotage

nùgbí : n.lip

nùgblénú : n.1.disaster 2.catastrophe
3.calamity 4.plague

nùgbɔ́: n.1.end 2.tip 3.point 4.extremity

nùgbɔ́lá : n.winnower

núkà : interjection. What?

núkà : intrj. What?

núkàkà : n.1.scatter 2.dis-assembly
3.dismantling

núkàlá : n.1.soothsayer 2.seer

núkàtà : adv.why?

núkìklì : n.1.clash 2.collision 3.bump

núkókló lè......ŋú : n.unpacking

núkòkò : n.laughter 2.kidding

núkòkoè : n.1.farce 2.joke 3.prank
4.trick

núkòkoèdónámè : n.1.comedy 2.sham
3.dramatics

núkòkoèdónámètɔ́ : n.jester

núkòmoè : n.smile 2.grin

nùkú : n.1.astonishment 2.surprise
3.wonder 4.puzzle 5.amazement

nùkú (ná-) : v.be stupefied

nùkú (wɔ̀-) : v.1.amaze 2.wonder 3.to be
mysterious

núkú : n.1.seed 2.semen

núkùkluídzíxɔ̀sè : n.superstition

núkùkluídzíxɔ̀sèlá (nyé) : v.be
superstitious

núkúkú (nyé) : v.to be deadly

núkúkúɖùlà : n.scavenger

núkúkúɖèɖè : n.harvest

nùkúnú : n.1.astonishment 2.wonder
3.surprise 4.marvel 5.mystery

núkùnú : n.1.rod 2.rail 3.pole

nùkúnúwɔ̀lá : n.wizard 2.enchanter

nùkúnyà : n.1.miracle 2.wonder 3.marvel

nùkútɔè : adv.1.with astonishment 2.magically

nùkúxáxá : n.harvest

nùkpàkpà : n.1.sculpture 2.carving

núkpàkplà : n.1.rinsing 2.rinse

núkpàkplá : n.1.sculptor 2.carver

núkpékpé : n.1.monster 2.fiend 3.behemoth

nùkploé/ nùkpluí : n.1.chat 2.talking 3.chatting 4.talkativeness

nùkploé (fò)/ nùkpluí (fò) : v.1.chat 2.talk 3.babble

nùkpluífòfò : n.1.chat 2.talking 3.chatting 4.talkativeness

nùkpluífòlá : n.1.talkative person 2.chatter box

núkpɔ́fé : n.1.theater 2.stage 3.playhouse

núkpɔ́gblɔ̀: n.1.report 2.reportage 3.coverage

núkpɔ́gblɔ̀lá : n.1.reporter 2.commentator

núkpɔ̀kplɔ̀: n.sweeping

núkpɔ̀kpɔ̀ : n.1.view 2.sight 3.vision 4.visibility 5.gaze/n.1.meeting 2.session 3.show 4.performance 5.scene/n.1.profit 2.benefit 3.revenue/n.perception

núkpɔ̀kpɔ̀ dó ŋgɔ̀: n.1.forecast 2.projection 3.foretelling 4.anticipation

núkpɔ̀kpɔ̀wɔ̀nà : n.1.comedy 2.dramatics 3.sham

núkpɔ̀kpɔ̀gã́ : n.monument

núkpɔ̀lá : n.spectator

núkpɔ̀láwó : n.public

núkpɔ̀ŋlɔ̀: n.1.copy 2.duplicate 3.photocopy

núléŋúsɛ́ : n.magnetic force

núlélé : n.hold

núlìlì : n.grating

núlɔ́kèké : n.wheelbarrow

núlɔ̀lá : basket-maker

núlɔ́lɔ̀ : n.basket-making

númàdzɔ̀màdzɔ̀: n.1.injustice 2.unfairness 3.wrong 4.inequity

númàḍówɔ̀: n.1.improvisation 2.improvising

nùmàfòè : adv.without replicating

númàkpɔ́è : adv.without visibility

númámá : n.1.distribution 2.sharing 3.division 4.partition

númámá : n.1.habit 2.practice 3.custom

númànyámànyá : n.ignorance

númèbɔ̀bɔ̀: n.1.trigger 2.thaw 3.lessening

númèḍèḍè : n.1.explanation 2.account 3.inquiry

nùmèḍènú : n.1.explanation 2.account 3.inquiry

númèkàkà : n.1.control 2.check 3.supervision 4.inspection

númèkpɔ́kpɔ́ : n.1.curiosity 2.inquisitiveness

númèmè : n.modeling

númèmiè : n.1.plant 2.sole 3.vegetable

nǔmètèsè : n.referendum

númètété : n.dosage

númètótó : n.revision 2.exploration

númètsòtsò : n.1.crossing 2.passage 3.voyage

nùmèvíví : adj.sugary

nùmèvívílá : n.1.lair 2.fibber 3.storyteller

nǔmèvívítɔ́: n.1.gourmet 2.epicure

númièmièwó : n.vegetation

núnálá : n.1.giver 2.donor

núnámègbɔ̀gbɔ̀: n.1.generosity 2.liberality 3.bounty

núnámètɔ́ (nyé) : v.to be generous

núnáná : n.1.gift 2.present 3.reward 3.contribution 4.award

núnònò : n.1.drink 2.beverage

núnɔ̀agbèḍènú : n.livelihood

núnɔ̀lá : n.1.priest 2.clergyman 3.clergy 4.Parson

núnɔ̀mèsí : n.1.wealth 2.richness 3.affluence 4.opulence

núnɔ̀sítɔ́ : n.1.rich person

núnùkpɔ́kpɔ́ : n.1.curiosity 2.inquisitiveness

núnyá : n.1.intelligence 2.understanding 3.smartness 4.wisdom 5.discretion

núnyàfé : n.laundry 2.wash house

núnyàlá : n.1.laundry man 2.washerwoman

núnyálá : n.1.scholar 2.expert

núnyányá : n.1.knowledge 2.familiarity 3.knowing 4.cognition

núnyányádɔ́ (wɔ̀) : v.to do the laundry 2.launder

núnyányrá : n.sharpening

núnyìàmè : n.1.subsistence 2.sustenance

núnyìàmè (nyé) : v.be nourishing

núnyrákpé : n.1.millstone 2.grindstone

núŋélá : n.1.reaper 2.harvester

núŋéŋé : n.1.harvesting 2.gathering 3.yield 4.harvest

núŋlɔbé : n.1.oversight 2.forgetting 3.oblivion 4.omission

núŋlɔdɔ́wɔ̀fé : n.1.secretariat 2.secretaryship

núŋlɔdémègbàlě : n.1.notebook 2.book

núŋlɔyé : n.chalk

núŋlɔklá : n.1.sign 2.notice

núŋlɔkpé : n.slate

núŋlɔlá : n.secretary 2.writer 3.author

núŋlɔlágá : n.principal secretary

núŋlɔlágá dɔ́wɔ̀fé : n.secretariat

núŋlɔtí : n.1.pencil 2.crayon

núŋlɔtsìgoè : n.1.inkwell 2.inkstand

núŋlɔtsùmí : n.1.pencil 2.crayon

núŋɔŋlɔ : n.1.writing 2.prescription 3.instruction 4.sign 5.plaque card/ n.tillage 2.plowing 3.digging

núŋɔŋlɔ nyuí : n.1.writing 2.spelling 3.orthography

núŋɔŋlɔtré : n.labeling

núŋúdzɔ̀dzɔ̀ : n.1.custody 2.guard 3.watch 4.guardianship

núŋúgbégblě : n.1.mess 2.waste 3.wrack

núŋúkɔ̀kɔ̀ : n.1.description 2.demonstration 3.write-up 4.inauguration

núŋútútú : n.1.friction 2.rubbing 3.abrasion

nùsàŋkú : n.1.harmonica 2.mouth organ

núsènú : n.1.earphone 2.earpiece

núsèŋlɔ : n.1.dictation

núsèŋútété : n.1.hearing 2.sense of hearing

núsèsè : n.perception

núsèsrě : n.refining

núsiákà : n.1.drying line 2.dryer

núsiánú : adj.1.everything 2.all

núsiánú ŋɔŋlɔ: n.1.scribble 2.scrawl 3.doodle

núsiánúḍùlá : n.omnivorous

núsìsì : n.1.incision 2.cut 3.slit 4.scar 5.tattoo

núsɔsɔ: n.unanimously 2.unanimity

núsɔsrɔ: n.1.study 2.survey 3.instruction 4.study

núsɔsrɔ gàkpèkpéḍéŋú : n.scholarship

núsɔsrɔwó : n.studies

núsɔsrɔlɔlá : n.studious person

núsrèfé : n.refinery

núsrɔfé : n.learning center

núsrɔgbàlè : n.1.manual 2.textbook 3.handbook 4.guidebook

núsrɔlá : n.1.student 2.undergraduate 3.postgraduate

núsuèkpɔhùhɔé : n.magnifying glass

nútágbàlè : n.sketchbook

nútálá : n.painter 2.artiste

nútátá : n.1.oath 2.vow

nútèfé (wɔ) : v.to be serious 2.to mean business

nútèfékpɔkpɔ : n.experience 2.experiment

nútèfékpɔláwó : n.1.audience

nútèfémàwɔlá : n.dishonest person

nútèfémàwɔmàwɔ: n.1.dishonesty 2.roguery

nútèkpɔ : n.1.test 2.trial 3.experiment 4.testing

nútètè : n.1.boil 2.carbuncle 3.cyst

nútó : n.1.region 2.area 3.district 4.locality

nútó suè dzíkpɔlá : n.sub-perfect

nútoè : n.1.corner 2.nook 3.recess

nùtógè : n.moustache

nútómè : n.1.neighborhood 2.vicinity 3.locality

nútómèdzíkpɔfé : n.prefecture

nútómèdzíkpɔlá : n.prefect

nútómèdzíkpɔlágɔmènɔlá : n.sub-prefect

nútòtrò : n.1.pipe 2.vent 3.hosepipe 4.poop

nútòvé : n.1.invention 2.fabrication

nútòvélá : n.inventor 2.fabricator

nútɔ́ : n.1.possessor 2.holder

nútɔ́àmè : n.splinter

nútɔ́lá : n.1.dress maker 2.tailor 3.fashion designer

nútɔ́lá (nyɔ́nù) : n.1.dressmaker 2.seamstress

nútɔ́tɔ́ : n.1.sewing 2.dressmaking/ n.1.frying 2.fried food

nútɔ́trɔ́tó ɖàɖàmè : n.distillation

nútràmàwɔ̀wɔ̀: n.1.clumsiness 2.awkwardness 3.lameness

nútrɔ́gbɔ̌ : n.1.inversion 2.reversion

nùtúnú : n.1.shutter 2.flap

nùtúnuí : n.1.plug 2.stopper 3.cork

nùtùtù : n.1.forge 2.smithy

nùtútú : n.1.wiping 2.drying 3.drying-up

nùtúví : n.1.capsule 2.cap 3.hood 4.top 5.cowl 6.lid

nútsétsé : n.1.grain/ n.1.button 2.knob 3.pimple 4.bud

nútsítókpɔ́lá (nyé) : v.to be careful

nútsítsí : n.1.suppression 2.removal 3.cancellation 4.lifting

nùtsítsídɔ́ : n.1.youth 2.juvenile 3.teenager 4.junior

nútsòlá : n.1.dark-sided

nùtsòtsò : n.1.deposition 2.testimony 3.evidence 4.dethronement

nútsòtsò : n.1.harvest 2.crop

nútsúɖùɖù : n.1.greed 2.gluttony

nútsúɖùlá : n.glutton

nútsyɔ́tsyɔ́ : n.1.recovery 2.retrieval

núvàfé : n.nursery

núvàvémè : n.1.event 2.occasion 3.occurrence 4.happening

núvélá : n.1.miser 2.niggard

núvévé : n.1.stinginess 2.miserliness 3.avarice

núvéví (wɔ̀.....àmè) : v.1.assault 2.attack

núvévíwɔ̀wɔ̀(àmè) : n.1.aggression 2.assault 3.attack 4.mugging

nùví : n.1.connection 2.union 3.join

núvlówɔ̀wɔ̀: n.1.delinquency

núvɔ́ : n.1.wrong 2.evil 3.vice 4.felony 5.crime

núvɔ́wɔ̀lá : n.1.criminal 2.wrongdoer

núv$\acute{\delta}$w$\grave{\delta}$w$\grave{\delta}$: n.1.delinquency 2.wrong
doing

núʋéʋí : n.spice

nùʋùʋù : n.unclogging

núwó : n.1.equipment 2.apparatus
3.supplies 4.kit

núwó kátá : n.1.all 2.whole

núwówó : n.1.explosion 2.detonation
3.blast 4.outburst

núw$\grave{\delta}$àmèt$\acute{\delta}$: n.1.disabled person
2.handicapped person 3.an invalid

núw$\grave{\delta}$fé : n.1.factory 2.plant 3.mill

núw$\grave{\delta}$kp$\acute{\delta}$: n.1.test 2.trial 3.testing

núw$\grave{\delta}$lá : n.1.actor 2.performer

núw$\grave{\delta}$nú : n.1.article 2.commodity
3.item

núw$\grave{\delta}$w$\grave{\delta}$: n.1.act 2.activity 3.practice

núwluíwluí : n.1.crumbs 2.debris
3.remains 4.fragments 5.wreckage

nùwúwú : n.1.end 2.piece 3.tail end
4.scrap

núxèxlě : n.1.reading 2.perusal

núxèxlá : n.1.reader 2.lector

núxl$\grave{\delta}$àmènyà : n.1.advice 2.counsel
3.guidance

núxl$\grave{\delta}$lá : n.1.adviser 2.counselor

núxoé : n.1.reserve 2.reservation
3.store 4.provision

núx$\grave{\delta}$xl$\grave{\delta}$: n.1.advice 2.counsel
3.guidance

núx$\grave{\delta}$x$\grave{\delta}$mè : n.1.volume 2.bulk
3.tonnage

nùyí : n.lip

nùy$\acute{\delta}$ŋl$\grave{\delta}$: n.1.dictation

nùzázá : n.utensil

nùzázáwó : n.1.equipment 2.apparatus
3.kit 4.supply

NY

nyà : v.1.expel 2.drive out 3.chase away
4.banish 5.eliminate 6.disqualify
7.dismiss/ v.1.wash 2.clean out
3.launder/ v.1.knead

nyà : n.1.speech 2.utterance 3.word
4.palaver 5.history 6.case 7.business
8.problem 9.subject/ n.1.news 2.edition

nyà àɖéké (ò) : n.1.nothing 2.naught

nyà bàɖà : n.1.misadventure 2.mishap
3.mischance

nyà dzɔ̀dzɔ̀è : n.1.justice 2.law
3.fairness

nyà ɖó : v.1.shape 2.mold 3.pattern
4.fashion

nyà fùflù : n.1.foolishness 2.stupidity
3.folly

nyà ɣaɣlá : n.1.confidence 2.secret

nyà lè.....mè : v.1.exclude 2.eliminate
3.expel 4.disqualify

nyà nú : v.to do the laundry

nyà wluíwluí : v.1.rumor 2.hearsay
3.hearing

nyà.....ɖá : v.1.expel 2.eject 3.evict
4.cast out 5.return 6.send back 7.sack
8.dismiss

nyá : v.1.know 2.be acquainted
3.experience 4.live through

nyá ɖɔ̌ : v.to be competent

nyá kpɔ́ : v.1to be admirable 2.be lovely
3.be cute 4.be splendid 5.be attractive
6.be superb

nyà kpɔkpɔ́ : v.be beautiful

nyá lè wɔwɔm bé : v.1.pretend 2.fake
3.sham 4.affect

nyá mɔ́ : v.1.find oneself 2.know the
path

nyá nú : v.1.educate 2.instruct 3.be
gifted 4.be wise

nyá nyuié : v.to be sure/n.1.interview
2.question

nyàbiásèwó : n.1.questionnaire 2.quiz

nyàdídí : n.1.provocation 2.incitement

nyàdígbàlè̌ : n.dictionary

nyàdílá : n.challenger

nyádɔ́ : adj.1.competent 2.qualified
3.capable 4.efficient 5.adequate
6.cognizant

nyàdzínɔ̀nɔ̀ : n.1.insistence 2.stress
3.urgency

nyàdzɔ̀dzɔ̀gbàlè : n.1.journal 2.press
3.review 4.periodic

nyàdzɔ̀dzɔ̀gblɔ̀lá : n.1.reporter
2.commentator

nyàdzɔ̀dzɔ̀ŋlɔ̀lá : journalist

nyàdzɔ̀dzɔ̀wó : n.information

nyàdzɔ̀dzɔ̀xlẽlá : n.1.reporter
2.commentator

nyàɖóànyí : n.1.text 2.script 3.wording

nyàɖóɖó : n.1.writing 2.wording
3.editing

nyàfɔ̀kpé : n.1.sentence 2.phrase
3.clause

nyágã́ : n.old woman

nyágáɖěɖì : n.old woman

nyàgbè : n.1.expression 2.phrase
3.utterance 4.idiom

nyàgblɔ̀ɖí : n.1.prediction 2.augury

nyàgblɔ̀fiá : n.1.exhibit 2.subject

nyàgblɔ̀fé : n.talk shop

nyàgbɔ̀gblɔ̀: n.1.recitation 2.narrative
3.recital

nyàgblɔ̀lá : n.1.speaker 2.announcer
3.narrator

nyàgblɔ̀tí : n.1.pulpit 2.rostrum

nyàgɔ̀mèɖèɖè : n.interpretation

nyàgɔ̀mèɖègbàlẽ : n.1.dictionary
2.thesaurus

nyàgɔ̀mèɖèlá : n.1.translator

nyàhèhè : n.1.argument 2.discussion
3.debate 4.disputation

nyàkàkà : n.1.statement 2.communique
3.report 4.disclosure

nyàkpàkpà : n.1.legend 2.story
3.caption 4.fable

nyàkpɔ́ : adj.1.stylish 2.elegant
3.fashionable 4.posh 5.nice

nyàléɖí : n.1.summary 2.resume
3.abstract 4.epitome

nyàléfòfú : n.1.summary 2.resume
3.abstract 4.epitome

nyàlémɔ̀: n.1.recorder 2.tape recorder

nyàlétí : antenna

nyàmà (lè) : v.1.in disorder 2.in a mess

nyàmànyàmà : adv.1.in disarray
2.helter-skelter/ adj.1.messy
2.disorderly

nyàmèdzòdzrò : n.deliberation 2.debate
3.consultation 4.counsel

nyàmèdzòdzrògbàlè : n.1.journal
2.magazine

nyàmèdèdè : n.1.negotiation
2.settlement 3.resolution

nyàmèdódó : n.1.intervention
2.interference 3.mediation

nyàmènyà : n.1.expression 2.utterance
3.idiom

nyàmètsòhá : n.1.jury 2.panel 3.board
of examiners

nyàmètsòlá : n.1.arbitrator

nyàmètsòtsò : n.1.arbitration
2.adjudication

nyàmèʋùʋù : n.1.confession 2.avowal

nyánú : adj.1.clever 2.smart 3.bright
4.brainy 5.intelligent

nyánú (nyé àmè) : v.1.to be intelligent
2.to be smart

nyànúdèdè :
n.1.deposition/n.1.interpretation
2.rendition 3.representation

nyànúdèlá : n.spokesperson
2.representative 3.mouthpiece
4.speaker

nyànùwúwú : n.1.solution 2.resolution
3.settlement

nyànyà:n.1.exclusion2.banning
3.disqualification 4.eviction/
n.1.washing/n.kneading

nyànyàkpɔ́ : n.1.splendor
2.magnificence 3.radiance

nyànyánálá : n.1.informant 2.informer

nyànyánáná : n.1.information 2.enquiry
3.prejudice

nyànyrà̀ : n.1.ugliness 2.baseness
3.monstrosity

nyànyrà̀ : adj.1.wild 2.ugly 3.nasty
4.naughty 5.horrid

nyànyrà̀tɔ̀ wú : n.1.worst/adj.worse

Nyànyuí : n. Gospel

Nyànyuíhámètɔ́ : n.protestant

nyàŋdódó : n.1.reply 2.answer

nyàsèlá : n.1.listener 2.hearer

nyàsèláwó : n.audience

nyàsèmɔ̀: n.1.radio 2.television

nyàséséhèlá (nyè) : v.be bossy

nyàsrɔ̃́gblɔ̀: n.1.recitation 2.recital

nyàtàkáká : n.1.report 2.record
3.proceedings 4.debriefing

nyàtèfé : n.1.truth 2.certainty 3.fact

nyàtèfé (lè-mè) : adv.1.in fact
2.obviously 3.clearly 4.evidently

nyàtèfétótó : n.1.loyalty 2.faithfulness
3.fidelity 4.trustfulness

nyàtèfétɔè : adv.1.really 2.truly
3.actually 4.indeed 5.genuinely

nyàtótó : n.gossip

nyàtrɔ́gblɔ̀ : n.1.reversion 2.inversion

nyàtsɔ́tsɔ́ ḍé.....ŋú : n.1.charge
2.indictment

nyàtsú : n.love button

nyàvɔ́ : n.1.bad luck 2.misfortune 3.bad
news 4.misadventure

nyàwówoè/ nyàwówoèbɔ́gà : n.bell

nyàwúàmè : n.resignation

nyàxlèfiálá : n.1.reporter
2.commentator

nyàxɔ̀ḍákɔ́lá : n.1.lawyer 2.advocate
3.solicitor

nyè : v.to sneeze

nyè : pron.1.me 2. I

nyè : poss.pron. My

nyè : personal pron. I

nyè mí : v.1.to defecate

nyè ŋɔ́ : v.1.burp 2.belch

nyè ŋɔ́ : v.1.fart

nyè zǐ ḍé....dzí : v.1.invade 2.overrun
3.encroach 4.pervade

nyè.....wó : poss.pron. My

nyé : v.be consistent in

nyé (-tɔ̀) : v.1.to belong 2.be

nyé àdzè : v.to be false

nyé àḍǐ : v.1.be toxic 2.be poisonous

nyé àgbà : v.to be a burden

nyé àmè nyánú : v.1.to be intelligent
2.be smart

nyé ànúkwárémàḍílá : v.be unfaithful

nyé ànúkwárétɔ́ : v.1.be frank 2.be
sincere

nyé àyètɔ́ : v.be sneaky

nyé bèlénánútɔ́ : v.to be careful

nyé bèmàlénánútɔ́/ nyé bèmàlétɔ́ :
v.1.be negligent 2.be rough

nyé dɔ̀mè : v.be sickly

nyé dzìdólá : v.be brave

nyé dzìzízí : v.be compulsory

nyé dzìzízí (ná...bé) : v.be required to

nyé ḍé émè : v.1.to collapse 2.give
away 3.crash 4.cave in

---

nyé fùlélá : v.be resentful

nyé fùmè : v.1.be miserable 2.be destitute

nyé nyàsɛ́hèlá/ nyé nyàsɛ́sɛ́tɔ́: v.be bossy

nyé nyàtɛ̀fé : v.1.be real 2.be the truth

nyé nyàtɛ̀fétɔ́: v.be loyal

nyé tùkáɖá /nyé tùkáɖámè : v.be restless

nyé zǐ : v.be noisy

nyé.....gɔ̀mè : v.1.to cause 2.to bring about 3.to produce

nyɛ̌ : v.1.brandish 2.wave 3.flourish

nyɛ̀ : n.maggot/ n.sneeze

nyènyé : n.1.state 2.condition 3.shape 4.personality 5.dignity

nyèwó : poss.pron. My

nyì : v.1.feed 2.nourish 3.nurture (an animal)/ v.to sneeze

nyì : n.1.cow 2.cattle 3.bullock 4.ox

nyí : v.1.to dissolve 2.melt 3.dilute 4.melt in liquid/ v.1.to suckle 2.to suck

nyí dòmè/ nyí tsrɔ̌ : v.to inherit

nyí tátá : n.castrated cow

nyí tsrɔ́: v.to inherit

nyí vè : v.to lie

nyìɖú : n.tusk

nyìglì : n.1.molar 2.tooth 3.grinder

nyìkplɔlá : n.1.cowherd 2.cattleman 3.cowboy 4.cattle breeder

nyìkpɔ́ : n.1.barn 2.cowshed

nyìnɛ̀/ nyìnɛ̀gá/ nyìnɛ̀ví : n.maternal uncle

nyìnótsì : n.cow milk

nyìnótsìŋèguì : n.1.baby bottle 2.nursing bottle 3.bibber

nyìnótsìtɛ̀fé : n.1.dairy

nyìnɔ̀: n.cow

nyìnɔ̀è/ nyìnɔ̀ví : n.heifer

nyìnyì : n.1.production 2.manufacture 3.generation/ n.sneeze

nyìnyí : n.dilution

nyìtsɔ̀: adv.1.before yesterday 2.other day 3.the day before yesterday

nyìtsɔ̀ lè ŋkèkè èvè mègbé : n.two days later

nyìtsɔ̀ sì gbɔ̀nà : adv.the day after tomorrow

nyìtsɔ̀ sì vá yì : adv.the day before yesterday 2.other day

nyìtsú : n.bull

nyìví : n.1.calf 2.colt

nyó : v.1.to be good 2.to be beautiful 3.to be fertile 4.to be prosperous 5.be suitable

nyó : n.brother-in-law (brother of the woman)

nyó blíbò/ nyó tútútú : v.be perfect

nyó ŋútɔ́: v.to be excellent

nyó wú : v.to be better than

nyŏɟé : n.1.quality 2.capacity 3.goodness 4.excellence

nyŏnámè : n.1.asset 2.trump

nyónátɔ́ : n.a blissful person 2.a blessed person

nyònyó : n.1.beauty 2.loveliness 3.quality 4.prosperity

nyònyó ŋútɔ́ : n.perfection

nyònyómè : n.1.quality 2.capacity 3.excellence

nyɔ́ : v.1.to blacken 2.darken/ v.1be renamed/v.to be well-known

nyɔ́ : v.1.to shell 2.to scoop

nyɔ́ fú : v.to pluck 2.to skin

nyɔ́ ŋú : v.to disgust

nyɔ́ ŋú ná : v.be disgusting

nyɔ̀ : v.1.to awake 2.to arouse 3.to wake up 4.to open the eyes 5.to bring back to life 6.to revive 7.to rekindle

nyɔ̃́ : n.sister-in-law

nyɔ́nù : n.1.woman 2.lady

nyɔ́nù núfiálá : n.school mistress

nyɔ́nù nùkpóluíɟòlá : n.1.tattletale 2.tattler

nyɔ́nù nútɔ̀lá : n.1.seamstress 2.dressmaker

nyɔ́nù trènɔ̀: n. old girl

nyɔ́nù trɔ̃́ : n.goddess

nyɔ́nù vódù : n.goddess

nyɔ́nùdzízízí : n.1.rape 2.violation

nyɔ́nùɟòmè : n.a woman's family

nyɔ́nùmè : n.vagina

nyɔ́nùmèɖóɖó : n.puberty

nyɔ́nùsɔ̀ɖèɖè : n.polygamy

nyɔ́nùví : n.girl 2.little girl

nyɔ́nùví trè : n.an old girl

nyɔ̀nyɔ̀: n.1.alarm clock 2.awakening 3.release

nyɔnyrɔ̀: n.1.drowning 2.submersion 3.immersion

nyɔnyrɔ̀lá : n.drowned person

nyɔ́ŋú : adj.1.ugly 2.nasty 3.horrid

nyrà : v.1.to scold 2.chide 3.to tell off

nyrá : v.1.to sharpen 2.to grind 3.hone

nyrà̀ : v.1.to be ugly 2.to be nasty 3.to be horrid

nyroè/ nyroègà̀/ nyroèví : n.maternal uncle

nyroègà̀yɔví : n.1.nephew 2.niece (relating to the maternal uncle)

nyroègà̀yɔví nyɔ́nù : n.niece

nyroèví : n.maternal uncle (younger than the mother)

nyroèvíyɔ́ví : n.1.nephew 2.niece (relating to the mother)

nyroèvíyɔ́ví nyɔ́nù : n.niece

nyrɔ̀: v.1.to drown 2.to sink

nyrɔ̀.........d̩é (tsì) mè : v.1.immerse 2.submerge

nyruì/ nyruìgá/ nyruìví : n.maternal uncle

nyruì fé ví /nyruìgá fé ví/ nyruìví fé ví : n.cousin (relating to the maternal uncle)

nyruìyɔ́ví: n.1.nephew 2.niece (relating to the maternal uncle)

nyruìyɔ́ví nyɔ́nù : n.niece

nyuí : n.1.the good 2.the beautiful

nyuí : adj.1.good 2.beautiful 3.nice 4.fine 5.elegant 6.stylish

nyuié : adv.1.well 2.nicely 3.fluently 3.clearly 4.audibly

nyuié (lè/nɔ) : v.1.to be healthy 2.to be in good health 3.to go well

nyuié ŋútɔ́ : adv.perfectly

nyuié wú : adv.better than

nyuítɔ : adj.1.timely 2.opportune 3.appropriate 4.expedient

nyuítɔ (nyé-lè.....gb ɔ́) : v.to be better than

nyuítɔ́ : n.the best

ŋ

ŋ̀dí : n.morning

ŋ̀dí kányá : n.1.dawn 2.daybreak
3.morn

ŋ̀díkpá : n.1.morning 2.forenoon

ŋ̀dɔ̀: interjection. Good morning!

ŋ̀dɔ̀lɔ̀/ ŋdɔ̀kútsúlɔ̀/ ŋdɔ̀kútsúmèlɔ̀ :
n.1.nap 2.siesta 3.afternoon nap

ŋè : v.1.groan 2.moan 3.whimper

ŋé : v.1.break 2.crack 3.fracture/
v.1.harvest 2.reap

ŋèŋè : n.1.groan 2.moan 3.whimper

ŋèŋé : n.fracture

ŋ̀gó : n.front

ŋ̀gɔ̀: prep.1.in front of 2.before
/v.1.have priority 2.to be superior to

ŋ̀gɔ̀dèdè : n.1.progress 2.improvement
3.perfection 4.proficiency

ŋ̀gɔ̀dèdètùtùɖóxɔ̀xɔ̀/ ŋgɔ̀dèxɔ̀xɔ̀:
n.1.specialization 2.expertise 3.major

ŋ̀gɔ̀dólá : n.predecessor

ŋgɔ̀fùfuí : n.1.windshield 2.windscreen

ŋ̀gɔ̀gbéɖú : n.incisor

ŋgɔ̀gbéfífí : n.1.windshield 2.windscreen

ŋ̀gɔ̀yìyì : n.1.progress 2.perfection
3.development

ŋ̀gɔ̀yìyìxɔ̀xɔ̀: n.1.specialization
2.expertise 3.major

ŋ̀kèkè : n.1.day 2.daytime 3.date

ŋ̀kèkè ɖèká dó ŋgɔ̀: n.1.eve 2.vigil
3.waking

ŋ̀kèkè (lè míáfé-wó mè) :
adv.nowadays

ŋ̀kèkènyuí : n.1.public holiday 2.holiday

ŋ́kɔ́ : n.1.name 2.prestige 3.status

ŋ́kɔ́ dàɖédzíá : n.surname

ŋ́kɔ́ gǎ/ ŋkɔ́ nyuí : n.1.prestige
2.reputation 3.renown

ŋ́kɔ́ tɔ̀xɛ́ : n.surname

ŋ́kɔ́dèdè : n.1.qualification 2.definition

ŋ́kɔ́gbàlè̌ : n.1.list 2.roaster 3.schedule
4.catalog

ŋ́kɔ́ŋɔ̀ŋlɔ̀: n.1.registration 2.inscription
3.enlistment 4.enrollment

ŋ́kɔ́ŋɔ̀ŋlɔ̀ dé.....té :n.1.signature
2.endorsement 3.signing up

ŋ́kɔ́ŋú : n.1.large 2.wide 3.great
4.popular 5.famous 6.renowned

ŋ́kɔ́yɔ́gbàlè̌ : n.1.register 2.logbook
3.book of numbers

ŋ́kɔ́yɔ́ŋkɔ́yɔ́: n.1.call 2.appeal 3.roll call
4.calling

ŋ̀kú : n.1.eye 2.sight 3.vision

ŋ̀kú dó mègbè dzí : n.1.recall
2.remainder 3.recalling

ŋ̀kúdédénúmè : n.1.verification
2.investigation 3.survey 4.enquiry
5.detection

ŋ̀kúdénúmè (nyé) : v.to be careful

ŋ̀kúdɔ̀ : n.conjunctivitis

ŋ̀kúdɔ̀dàlá : n.oculist

ŋ̀kúdádɛ́tɔ́: n.observer

ŋ̀kúdèkánɔ̀: n.one-eyed person

ŋ̀kúdódzí : n.1.memory 2.remembrance
3.recollection

ŋ̀kúdódzínú : n.1.memory
2.remembrance 3.recollection

ŋ̀kúdónú/ ŋkúdónúdzí : n.1.recall
2.remainder 3.recalling

ŋ̀kúfúflǔnúmàkpɔ́mɔ̀: n.microscope

ŋ̀kúgbàgbàtɔ́: n.a blind person

ŋ̀kúkèlá (nyé) : v.to be careful

ŋ̀kúkpɔ́séfé : n.horizon

ŋ̀kúlédénúŋúlá : n.observer

ŋ̀kúlédénúŋútɔ́: n.1.inspection
2.examination 3.overseeing

ŋ̀kúlédénúŋú : n.1.inspection 2.control
3.check

ŋ̀kúlédénúŋúlá : n.power controller

ŋ̀kúlélédéŋú : n.1.observation 2.study

ŋ̀kúmè : n.1.face 2.countenance
3.frontage

ŋkúmè (lè-)   ŋɔ́lìwó

ŋ̀kúmè (lè-) : adv.1.in front of 2.ahead
3.fore

ŋ̀kúmè kplé ŋkúmè : prep.in the face of
2.face to face

ŋ̀kúnɔ̀tɔ́: n.a blind person

ŋ̀kúŋútínúnyálá : n.1.optamologist
2.optometrist

ŋ̀kútà (ɖè) : v.to nap

ŋ̀kútsàlá : n.1.scout

ŋ̀kútsàtsà : n.1.spying 2.snooping

ŋ̀kútsró : n.eyelid

ŋ̀kúʋùʋù : n.civilization 2.

ŋlísì : n. English

ŋlísì-blɔ̀tsí : n. England

ŋlísì-yèvú : n. An English person

ŋlɔ : v.1.write 2.draft 3.prescribe 4.to
mark/ v.1.to reclaim

ŋlɔ àbɔ̀: v.to garden

ŋlɔ àsídédé.....té : v.1.to sign 2.sign up
3.subscribe

ŋlɔ àzǎ : v.date

ŋlɔ ɖí : v.1.to write down 2.to note

ŋlɔ gbě : v.to weed

ŋlɔ ŋkɔ́ : v.to point out in writing

ŋlɔ ŋkɔ́dzèsìdédé....té : v.1.to sign 2.sign
up 3.subscribe

ŋlɔ........bé : v.to forget 2.to overlook

ŋlɔ...........ɖókuí : v.to reproach

ŋlɔ........fé ŋkɔ́: v.to inscribe

ŋlɔ́ : v.1.to wrap 2.roll up 3.twist 4.twirl
5.curl 6.tighten

ŋlɔ......ɖókuí : v.to cower

ŋlɔlá : n.1.author 2.writer

ŋɔ́ : v.1.to bore a hole 2.pierce
3.perforate 4.drill 5.to prick 6.burst

ŋɔ́ : n.1.worm 2.maggot 3.caterpillar/
n.fart

ŋɔ́dzí : n.1.fright 2.dread 3.terror
4.threat

ŋɔ́dzídódó : n.1.intimidation 2.terrorism

ŋɔ́dzídólá : n.terrorist

ŋɔ́dzítɔ̀è : .adv.atrociously

ŋɔ́lì : n.1.ghost 2.spirit

ŋɔ́lìwó : n.ancestors

ŋɔ́nyènyè : n.fart

ŋɔ̀ŋlɔ́ : n.1.winding 2.wrap 3.pang

ŋɔ̀ŋlɔdzèsì : n.letters of the alphabet

ŋɔ́ŋɔ́: n.1.puncture 2.perforation

ŋɔ́ŋɔ́ : adj.perforated 2.flat 3.punctured 4.wrecked

ŋɔ̀ŋɔ́fé : adj.1.flat 2.punctured 3.wrecked

ŋɔ̀tà/ ŋɔ̀tàŋɔ̀tà : adj.1.stained 2.spotted 3.dappled

ŋɔ̀tí : n.nose

ŋɔ̀tídò : n.nostril

ŋɔ̀títètèdó : n.1.sniffing 2.sniff

ŋɔ́ví : n.vermin

ŋù : n.1.thorn 2.spike 3.splinter 4.

ŋú : prep.1.against 2.versus 3.about 4.concerning

ŋùblè (wɔ̀) : v.1.to neglect 2.overlook 3.disregard

ŋúdɔ́ (wɔ̀-) : v.1.use 2.utilize 3.spend

ŋúdɔ́dɔ́ : n.1.eve 2.vigil 3.waking

ŋúdɔ́fé : n.place of wake

ŋúdɔ̀kpá : n.1.midday 2.noonday

ŋúdɔ́wɔ̀nú : n.1.article 2.section 3.item

ŋúdɔ́wɔ̀núwó : n.1.equipment 2.supply 3.tool kit

ŋúdɔ́wɔ̀wɔ̀: n.1.utilization 2.exploitation 3.usage 4.working

ŋúdzèdzèkpɔ́kpɔ́ : n.1.appreciation 2.gratitude

ŋùdzɔ̀: awakening

ŋùdzɔ̀ (lè-) : v.1.to be foreseeing 2.to be vigilant 3.to be prudent 4.to be on guard

ŋùdzɔ̀dzɔ̀: n.1.caution 2.prudence 3.calculation 4.wisdom

ŋùdèdí : adv.by mistake

ŋúdódó : n.1.response 2.reply 3.solution

ŋùdɔ̀dó : n.1.caution 2.prudence 3.wisdom

ŋùdɔ̀dɔ̀: n.1.precaution 2.caution 3.prudence

ŋúfièfiè : n.itching

ŋùfɔkè : n.1.next day 2.tomorrow

ŋùgbè : n.1.promise 2.pledge 3.undertaking

ŋùgbèdódó : n.1.promise 2.pledge 3.engagement

ŋùgbètɔ́ : n.fiancee 2.married woman

ŋùgbètɔ́srɔ̀: n.1.married man 2.fiance

ŋuífìèfìè : n.itching

ŋuítsétsé : n.pimple

ŋùkà : n.blackberry

ŋùkáká : n.1.contact 2.connection

ŋùkpè : n.1.shame 2.disgrace 3.dishonor

ŋùmàd̥ɔ̀d̥ó : n.1.imprudence
2.recklessness 3.carelessness

ŋùmàd̥ɔ̀d̥ólá : n.1.a disgraceful person

ŋúnyɔ́nú : n.1.disgust 2.distaste

ŋúsɛ̃́ : n.1.strength 2.force 3.power
4.resistance

ŋúsɛ̃́ (lè-nù) : v.under the influence of

ŋúsɛ̃́ (ná) : v.1.strengthen 2.fortify
3.enforce

ŋúsɛ̃́dódó : n.1.effort 2.endeavor

ŋúsɛ̃́mànɔ̀sí : n.1.incapacity
2.powerlessness 3.impotency

ŋúsɛ̃́mànɔ̀sítɔ́: n.1.a helpless person
2.powerless person

ŋúsɛ̃́tɔ̀: adj.1.powerful 2.strong
3.mighty 4.forceful

ŋùtè : n.orange

ŋútí : n.1.skin 2.leather 3.flesh
4.body/n.1.stem 2.stalk

ŋútí : .prep.1.against 2.about 3.versus

ŋútídídí : adj.yellow

ŋútídódó : n.1.response 2.reply
3.answer

ŋútífáfá : n.peace

ŋútífáfá (ná) : v.1.to pacify 2.to calm

ŋútífánálá : n.pacifier

ŋútífúwó : n.fluff

ŋútígbàlè : n.complexion 2.skin color

ŋútígbàlètɔ́trɔ́: n.make-up

ŋútílàfùwɔ̀àmè : n.1.torture 2.torment

ŋútílàtsòfé : n.excision

ŋútílàtsòtsò : n.excision

ŋútínú : n.1.rib 2.member

ŋútínyà : n. History

ŋútínyà kpàkpà : n.1.novel 2.romance
3.fiction

ŋútíŋútí : n.orange tree

ŋútítsétsé : n.pimple on the skin

ŋùtísìhà : n.orange juice

ŋùtíwù : n.1.corsage 2.blouse 3.bodice

ŋútónútsòtsò : n.excision

ŋútótó : n.1.excess 2.overtake
3.exceeding

ŋùtɔ̀: adj.1.thorny 2.prickly

ŋútɔ́ : adv.1.extremely 2.a lot
3.enormously 4.hugely 5.clean 6.proper
7.neat

ŋùtɔ́àmè : n.splinter

ŋútsù : n.1.man 2.male

ŋútsùmèɖóɖó : n.puberty

ŋútsùví : n.boy

ŋùʋàlá : n.an envious person

ŋùʋàlá (nyé) : v.to be envious 2.to be
jealous

ŋùʋàʋà : n.jealousy

O

ò (mé) : adv.1.do not 2.not

óbóbòè: intj. 1.anyhow 2. still 3.
regardless

òbùí: n. shell

òdúm: n. iroko

òfétòriò : n.offertory

òhéhè intj. I do not care 2. It does not
concern me

òhóò : intj.i do not know

óò : intj. 1.oh! 2. what a surprise

òsófò n. pastor

òsófòtó adj. pastoral

òyó n. Oyo (city in the Oyo state of
Nigeria)

ɔ

ɔdìnàtɔ̀ : n.computer

ófísà : n.officer

ófísì : n.office

ókéstrà : n.orchestra

ótòdɔ́ksì hámètɔ́ : n.orthodox

ótòdɔ́ksìtɔ́: n.an orthodox person

ótòdɔ́ksùbɔ́súbɔ́: n.orthodoxy

ókùtóbà: n.october

óksìzyénì : n.oxygen

ɔ̀stráliàksìzyénì : n.Australia

ɔ̀strìà : n.Austria

P

Pak : n. Easter

pàmplò : n.bamboo

pàmplòmúsù : n.grapefruit

pàmplòtí : n.bamboo

pàpà : n.fan

pàpá : n.1.dad 2.daddy

pápà :n. Pope

pàpàhú : n.1.towel 2.napkin

pàràdísò : n. Paradise

pás (ná) : v.make a pass

pásíndzà : n.passenger 2.voyager

pèdálì : n.pedal

pèlìkuílè : n.1.film 2.roll 3.pellicle

pènàtî : n.penalty

pènìsìlínì : n.penicillin

péntà : n.painter

Pèntèkóstè/ Pèntèkótì : n. Pentecost

pépà : n.paper

pépàdzráfé : n.1.stationery 2.paper mill

pépàtsɔ́nú : n.1.wallet 2.purse 3.pocket book

pépǐ : n.harmattan

pèrmî : n.1.permit 2.order 3.license

pètró/ pètrómì : n.petrol

péyà : n.avocado

pɛ́/ pɛ́pɛ́ɛ́pɛ́ : adv.1.precisely 2.exactly 3.just

píkìníkì : n.picnic

pìstòlé : n.1.gun 2.pistol

pìstɔ́ : n.1.piston 2.plunger

plánì : n.1.map 2.plan 3.blueprint 4.scheme

plàsì : n.1.kidding 2.joke 3.irony

plástà : n.1.plaster 2.adhesive plaster

pòlìkòpiè : n.mimeograph

pòlìsìtɔ́: n.police

pòlìsìtɔ́wó : n.policemen n.2.police officers

pòló : n.polo

póskártè : n.postcard 2.postal card

pósù : v.to post 2.to station

pósù : n.1.post 2.position 3.job 4.station

pósùdɔwɔ́lá : n.1post office worker

pósùtɔ́: n.postman

pòtó/ pòtótí : n.1.post 2.pole 3.signpost 4.standard

pɔ́ɖà : n.powder 2.talc

pɔ́lítíkì : n.politics

pɔ́lítíkìwɔ̀lá : n.politician

pɔ́mpì : n.1.pump 2.pomp 3.pageantry 4.force pump

pɔ́mpìnùví : n.bicycle pump

pɔ́mpìʋùɟé : n.tap 2.cock 3.faucet

prátìs : n.1.practice 2.application

prèfè : n.prefect

prìmὲ : n.primary school

pròtèstántὲtɔ́: n.protestant

pwàró : n.leek

R

ràdí : n.radish

ràdió : n.radio2.radiography 3.x-ray

ròbó : n.robot

ròzáliò : n.1.rosary 2.chaplet

ròzìséfòfò : n.rose flower

rózìtí : n.1.rosebush 2.rose tree

rɔ́bà : n.1.plastic 2.rubber

rɔ́bàtú : n.sling

rɔ́m : n.rum

S

sà : v.1.to fasten 2.tie 3.knot 4.set

sà gbè dó : v.to bewitch 2.voodoo

sà kà : v.to make a knot

sà kɔ́ : v.to make a knot

sà ná : v.1.to avoid 2.to avert 3.evade
4.spare 5.eschew

sá vɔ̀: v.1.to sacrifice 2.immolate

sá : v.to dribble

sàbálà : n.onion

sàdè : n.cob

sàdí : n.sardine

sàɖágà : n.monastery

sàɖágàtɔ́ : n.1.monk 2.friar

sàfírì : n.sapphire

sáfuí : n.key

sàgà : adj.1.weird 2.odd 3.strange
4.peculiar 5.queer 6.unusual

sàgàtɔ̀: n.1.contrary 2.opposite
3.converse

sàgbàdrɛ̀ : n.1.swallow 2.martin

sàkpàtɛ̀ : n.1.smallpox 2.pox 3.cow-pox

sàkplɛ́tí : n.1.float 2.pontoon 3.floater
4.water wings

sàládà : n.salad

sàládàgbá : n.salad bowl

sàntím : n.centime

sányàgbá : n.1.pan 2.bowl 3.casserole
4.saucepan

sàŋkú : n.1.organ 2.harmonium

sàsrâtíkè : n.purge 2.purgative

sàtínè : n.satin

sè : v.1.understand 2.comprehend
3.hear 4.feel

sè dó ŋgɔ̀: v.1.approach 2.sense
3.forebode 4.contact

sè gbɔ̀dzɔ̀gbɔ́dzɔ́ lè làmè : v.to feel
weak

sè gɔ̀mè : v.1.to understand
2.comprehend

sè nɔ̀èwó gɔ̀mè : v.to get along with

sè nyà tsó....ŋú : v.have information on

sè sèsèɖélầmè : v.to be sensitive

sè vèvé : v.to suffer

sè vèvé ɖé àmè tí : v.to be friendly
2.be sympathetic towards someone

sé : n.1.law 2.regulation
3.statute/n.destiny

sé : v.1.to bud 2.shoot

sế : v.1.to harden 2.solidify

sế ŋú : v.1.to be strong 2.to be resistant

sế tàmè : v.1.to persist 2.to be stubborn

sế tó : v.to disobey

sédà : n.1.silk 2.bristle 3.satin

sédédé : n.1.prohibition 2.banning

sédzímàwɔ̀màwɔ̀: n.indiscipline

séfé : n.1.limit 2.boundary 3.regulation

séfénáná : n.1.limitation 2.limit

séfòfò : n.flower

séfòfòmètsì : n.nectar

sèkúndè : n.second

sèmúlù : n.semolina

sèntìmétà : n.centimeter

sényágbàlẽŋlɔ̀lá : n. notary, solicitor

sèràmíká : n.1.ceramic 2.poetry

sèsế : n.1.hardness 2.difficulty 3.severity
4.complication 5.strength 6.power
7.potency 8.intensity 9.solidity
10.resistance

sèsế : v.to be tough 2.be difficult 3.be
strong 4.be terrible 5.be vigorous 6.be
resistant 7.be solid 8.be torrid

sèsế : adj.1.tough 2.difficult 3.torrid
4.terrible 5.strong 6.resistant 7.solid
8.vigorous 9.painful 10.arduous 11.hard

sèsèɖélầmè : n.sensation

sèsétɔ̀è : adv.1.barely 2.hardly
3.scarcely hardly ever

sésié : adv.1.highly 2.greatly 3.loudly
4.quickly 5.rapidly 6.easily

sèsrè : n.melting

sétàmè : adj.1.obstinate 2.persistent
3.stubborn 4.headstrong 5.willful

séwàyà : n.razor blade

séwó : n.code

séwɔ̀fémènɔ̀lá : n.1.deputy 2.member
of parliament 3.representative

sì dzò : v.1.light up 2.switch on
3.enkindle

---

sì....(lá)/ sì....(-a) : pron.1.who 2.which 3.whom 4.that

sì àbɔ̀tà : v.1.vaccinate 2.inject 3.inoculate

sì àkábà : v.to tattoo

sì àkáló/ sì àkálótsì : v.1.to brush 2.spend time

sì àmì : v.to grease 2.lubricate 3.oil

sì àŋɔ̀: v.1.to paint 2.to color

sì ʃé : pron.whose

sì làvíndà : v.to put on perfume

sì nú ɖé mò mè : v.to make up

sì nú ɖé.....mè : v.to dye 2.too stain 3.to discolor

sì nú ná : v.1.to paint 2.to draw 3.to tattoo/ v.to wax

sì nú yìbɔ̀ ná : v.1.to blacken 2.to darken 3.to smut

sì ŋkúmè ná : v.to give a tribal mark

sì ŋútí : pron.whose

sì tsì : v.1.to color

sì.....ɖé....dzí : v.1.to apply 2.to carry out 3.to practice 4.to clench

sí : v.1.to run away 2.to flee 3.escape 4.dash off 5.scamper 6.to evade/ v.1.to flow 2.run out 3.pour out/v.to circulate

sí dù : v.1.to gallop 2.to run away 3.to get away 4.scoot

sí dzó lè.....mè : v.to desert

sí kàkà : v.to flee in disarray

sí kpódù/ sí kpótìtìdù : v.to gallop 2.to race

siá : v.1.to spread out 2.display 3.to expand 4.to dry

siá : adj.1.all 2.each

siáʃé : n.1.drying room 2.dryer 3,drying cupboard

siámlɔm : n. July

siàsiá : n.1.drying 2.desiccation

sídzèdzè : n.1.recognition 2.acknowledgment 3.gratefulness

sìgá : n.cigar

sìgàrétì : n.cigarette

sìgàrɛtìyɔ̀lá : n.1.smoke 2.fume

sìgàtàkpuì : n.1.cigarette butt 2.cigar butt

sìká : n.1.gold 2.ore

sìkádɔ́wɔ̀lá : n.jeweler

sìkánú : n.1.jewel 2.bijou 3.piece of jewel

sìkélì : n.1.balance 2.weighing machine 3.rocker 4.seesaw

sìmá́ : n.1.cement 2.grout

sìnìmá : n.cinema

síŋgɔ̀: n.chewing-gum

sìpá : n.spade(cards)

sìrótíkè : n.syrup

sìsì bɔ̌tà/ sìsì bùtrù : v.to butter

sìsì....ɖé....dzí : v.to apply on a product

sìsì....ŋú : v.to scrub 2.to scrap

sìsí : n.1.flight 2.escape 3.desertion
4.exodus

sìsílá : n.fugitive

sìtídɔ̀: n.rheumatism

sítsòfé : n.1.refuge 2.asylum

sítsòfé dílá : n.refugee

sìzò : n.scissors

skándrì : n.1.timber 2.beam

skɔ́yà : n.1.square 2.triangle

sò émè ná : v.to dribble

sóbó : n.calf

sòɖàbì : n.1.calvados 2.locally brewed
gin(akpeteshi)

sópà : n.1.soup 2.slop

sósìsɔ́: n.sausage

sɔ̀: v.1.be equal 2.be
identical 3.be like 4.be similar 5.be
equivalent 6.to comply/ v.be flat

sɔ̀ ànyí : v.having the balance

sɔ̀ ɖé.....ŋú : v.1.to compare 2.to make
comparism with

sɔ̀ gbè : v.1.be ready 2.stand by 3.stand
prepared

sɔ̀ gbɔ̀: v.1.be plentiful 2.be enough 3.be
multiple 4.be numerous

sɔ̀ gbɔ̀ àkpá : v.1.be too many 2.be bulky

sɔ̀ kplé : v.1.to be equivalent 2.to be
equal

sɔ́: n.1.horse 2.tontine

sɔ́dódó/ sɔ́dódódɔ́: n.1.horse riding
2.horseback riding

sɔ́dólá : n.horse rider

sɔ́dzà : n.1.soldier 2.military person

sɔ́dzɔ̀dzɔ̀: n.tontine

sɔ́fi : n.1.shovel 2.spade

sɔ́gà : n.tontine

sɔ́gbé : n.1.grass 2.lawn 3.turf

sɔ̀gbɔ̀: adv.1.a lot 2.enough 3.plenty
4.so much

sɔ̀gbɔ̀wó : adj.1.several 2.many
3.numerous

sɔ́hɛ́ : n.1.youth 2.juvenile 3.teenager
4.junior

sɔ̀lèmè : v.religious services

sɔ̀lèmèdèlá : n.church-goer

sɔ́nɔ̀: n.mare

sɔ̀sɔ̀/ sɔ̀sɔ̀è : n.1.equalization 2.equality
3.same level

sɔ̀sɔ̀mínásɔ̀è/ sɔ̀sɔ̀mísɔ̀/ sɔ̀sɔ̀mísɔ̀è :
n.equalization

sɔ́srɔ́: n.study of

sɔ́tí : n.1.pillar 2.pivot 3.fulcrum

sɔ́ví : n.1.foal 2.colt/ n.1.grasshopper
2.locust

sɔ́xɔ̀: n.1.stable 2.barn

spélì : v.1.to spell 2.spell out

spríngì : n.1.spring 2.resilience

srà : v.1.sift 2.soften

srá....kpɔ́: v.review

srànuí : n.sieve

srè : v.1.to melt 2.melt down

srè : v.1.refine 2.polish

srè : n.cactus

srɔ̀: n.1.husband 2.wife

srɔ̀ ŋútsù : n.husband

srɔ̀......dià : n.sister-in-law

srɔ̀: v.1.to learn 2.master 3.study
4.imitate

srɔ̀ àmè : v.1.to imitate 2.mimic

srɔ̀ nú : v.1.to study 2.instruct 3.train

srɔ̀dèdè : n.marriage

srɔ̀dèkádèdè : n.monogamy

srɔ̀dèkádèlá/ srɔ̀dèkátɔ́ : n.monogamist

srɔ̀gbégbé : n.divorce

srɔ̀gbénɔ̀nɔ̀: n.married life

srɔ́lɔ́: n.chip

srɔ̀núnáná : n.dowry

srɔ̀nyɔ́nù : n.1.married woman 2.wife

srɔ̀ŋútsù : n.1.married man 2.husband

srɔ̀sɔ́gbɔ̀tɔ́: n.polygamous

srɔ̀sɔ́gbɔ̀dèdè : n.polygamy

stámpò : n.stamped 2.timbre

stámpòḍóḍó : n.postage

sù : v.to be enough 2.suffice

súbɔ́: v.1.to worship 2.adore 3.serve

súbɔ́lá : n.1.server 2.servant 3.valet

súbɔ́lá nyɔ́nù : n.housemaid

súbɔ̀súbɔ́: n.1.cult 2.worship 3.religion
4.mass

súbɔ́ví : n.boy

súḍuí : n.pillow

suè : adj.1.tiny 2.small 3.little

suè àḍé : adv.1.little 2.not much
3.sparsely

suètɔ̀: adj.1.elementary 2.basic 3.simple

súklì : n.sugar

súklìgoè : n.sugar bowl

sùkú : n.school

sùkúdèdè : n.schooling

sùkúgá : n.1.high school 2.college

sùkúgádèlá : n.schoolboy

sùkúgá nùwúdòdókpɔ́: n.baccalaureate

sùkúkɔ́kɔ́: n.university

sùkúkɔ́kɔ́ ƒé ámègá : n.rector

sùkúlù : n.1.bolt 2.nut 3.screw

sùkúlùtrónú : n.screwdriver

sùkúmègá ŋkúḍéḍénúŋúlá : n.school
inspector

sùkúví : n.student 2.pupil

sùkúví àmègá̃/ sùkúví ŋkútà : n.school
staff

sùkúví dɔ́ƒé : n.1.boarding school
2.residential school

sùkúxɔ̀: n.1.classroom 2.schoolroom

sùsɔ̀: v.1.to stay 2.to remain 3.to be left

sùsɔ̀.......ḍí ná : v.1.to book 2.set aside
3.reserve 4.have in store 5.to save 6.to
store

sùsɔ̀ lè....àsí : n.have a reserve

sùsɔ̀.........ná : v.will miss 2.break

sùsɔè : adj.1.last 2.latter

sùsú : n.1.thought 2.idea 3.opinion
4.notice 5.view 6.reasoning/
n.1.memory 2.mind/n.1.intention
2.suggestion 3.proposition

sùsú vɔ̀: n.suspicion 2.relish

súsú : v.1.to think 2.to suppose
3.imagine 4.to guess 5.consider
6.contemplate

súsú ḍě gblɔ: v.1.to improvise 2.to
vamp

sùsú.....gblɔ: v.1.to guess 2.to sense
3.infer

súsú nú ḍe ŋú : v.1.to suspect 2.to
doubt 3.to smell a rat

súsú tsó....ŋú bé : v.1.to suspect 2.to
doubt

sùsuiè : adv.1.enough 2.quite
3.relatively

sùsúdódóḍá : n.1.proposal
2.proposition 3.suggestion

sùsúḍèḍè : n.1.reasoning 2.rationale

sùsúkàkà : n.1.dissipation 2.dispersal

sùsúlédí : n.1.draft copy 2.draft

sùsúmèdzòxɔxɔ: n.1.overwork 2.over
strain

sùsùwó : n.mentality

T

tà : v.1.to put on 2.to wear

tà : n.1.head 2.roofing

tà (lè....) : v.to cause

tà : n.1.area 2.surface 3.ground 4.top

tà nú : v.1.to swear 2.bet 3.gamble 3.loan 4.lend 5.to vow

tá : v.1.to draw 2.design 3.sketch 4.engrave 5.inscribe 6.imprint 7.publish/ v.1.castrate/ v.1.to crawl 2.creep

tá : n.1.saliva 2.sputum 3.spit/ n.1.lake 2.pond 3.pool 4.swamp 5.marshland

tá ɖǐ ɖé..... Ŋú : v.1.to stain 2.to spot 3.blemish

tàbá : n.tobacco

tábáskì : n. Tabaski

tàbázé : n.1.pipe 2.wine cask

tàbiánú (wó) : n.dowry

tàdòmí : v.meeting

tàdɔé : n.crest (the rooster)

tàdzɔ: n.1.tax 2.levy 3.imposition

tàɖódzí : n.1.goal 2.purpose 3.aim 4.reason 5.purpose

tàɖódzínú : n.1.goal 2.aim 3.target

tàɖófé : n.1.destination 2.orientation 3.purpose 4.direction

tàflatsé : n.1.excuse

táflò : n.1.table 2.board 3.blackboard

táfú (àmè) : v.to cheat someone

táfútáfú : n.cheat

táfòfò : n.1.domination 2.control 3.dominion 4.mastery

táfònyà : n.1.conclusion 2.ending 3.punch line 4.termination

tágá : n.paternal uncle

tàgbá : n.1.lagoon/ n.1.molestation

tàgbátsú : n.fly

tàgbátsúví : n.gnat 2.midge

tàgbékplɔ̀: n.nightstand

tàgbɔkúkútɔ́ : n.1.idiot 2.fool 3.moron

tàgbɔ́tɔ́tɔ́ : n.1.over strain 2.overwork

tàkèkè : n.1.immensity 2.hugeness 3.vastness

tàkóluì/ tàkóloè : n.1.skull 2.cranium

tàkóluìtɔ́ : n.bald-headed person

tàkɔ́gò : n.1.skull 2.cranium

tàksí : n.1.taxi 2.cab

tàkú : n.scarf

tàkúví : n.handkerchief 2.hanky

tàkpéfé : n.meeting 2.reunion

tàkpékpé : n.1.meeting 2.gathering 3.reunion 4.congress

tàkpéxɔ̀: n.meeting room

tàkpótì : n.1.somersault 2.tumble

tàkpuì : n.1.butt 2.stub

tàlkòpɔ́ɖà : n.1.talc 2.talcum

tàmè : n.1.the top 2.crown 3.summit

tàmè vɔ́ súsú : n.suspicion

tàmèbùbù : n.1.thought 2.thinking 3.meditation 4.reflection 5.worry 6.anxiety

tàmèɖóɖó : n.1.resolution 2.motion 3.settlement

tàmèsɛ̃́ : n.1.harshness 2.severity

tàmèsélá : n.1.villain 2.wicked person

tàmèsésɛ̃́ : n.1.strictness 2.obstinacy 3.pertinacity 4.wickedness 5.malice 6.outrage

tàmèsésɛ̃́ : n.1.atrocity 2.wickedness 3.inhumanity

tàmèsésɛ̃́núwɔ̀wɔ̀: n.1.violence 2.roughness

tàmèsétɔ̀è : adv.wickedly

tàmèsétɔ̀tɔ̀nú : n.1.drug 2.dope

tàmpɔ́ : n.tampon

tànáná : n.1.surrender 2.resignation 3.abdication of responsibility

tánkà : n.1.tank 2.reservoir 3.cistern

tànòguí : n.pin 2.scarf-pin

tànyà : n.1.title 2.headline 3.chapter

tàpiókà : n.tapioca

tàpòlí : n.1.tarpaulin 2.canvas

tàpòlíxɔ̀: n.canvas

tásì : n.paternal aunt

tásì fé ví/ tásìgá fé ví/ tásìví fé ví : n.cousins (relating from the paternal aunt)

tásìgá : n.paternal aunt (older than the nephew/niece's father)

tásìví : n.paternal aunt (younger than the nephew/niece's father)

tásìví (nyruìvíwó) : n.cousins

tásìyɔ́ví : n.nephew/ niece (relating to the paternal aunt)

tásìyɔ́ví nyɔ́nù : n.niece

tàtá : n.1.portrait 2.drawing 3.plan/ n.castration

tàtí n.pestle

tàtrà : n.1.skid 2.slip 3.detour 4.diversion 5.deviation 6.drift

tàvɔé : n.1.bad luck 2.misfortune 3.mishap 4.mischance

tàʊìʊlì : n.1.defense

tàʊìʊlìdɔ́: n.defense by a lawyer

tàʊlìʊlá : n.1.defender 2.advocate 3.upholder

tàxɔxɔ: n.1.submersion 2.submerging

táyà : n.1.tire 2.Tyre

tè : v.1.swell 2.inflate/ v.1.emit 2.transmit 3.utter/ v.1.to frown the eyebrows

tè : n.yam

tè ànyí : v.to drag on the ground

tè ɖá : v.1.to step aside 2.to give way 3.move away

tè ɖé....ŋú : v.1.come closer to 2.to near

tè fífíá : v.1.to sweat 2.perspire 3.be moist

tè flì : v.1.to sketch 2.scribble

tè flì ɖé.....mè : v.1.to draw a line 2.cancel 3.annul 4.cross out 5.strike out 6.delete 7.rule out

tè flì ɖé.....té : v.1.to underline 2.highlight 3.point out 4.accentuate 5.underscore

tè flì mànyàmànyà : v.1.to scribble 2.doodle

tè flì wúwluíwó : v.1.to shade 2.hatch

tè fú : v.1.to lather 2.froth 3.moss

tè gbè : v.1.to grumble 2.grunt 3.snort 4.roar

tè kàmè : v.1.play sports 2.play a game 3.to combat 4.struggle 5.to work out

tè(....) kpɔ́ : v.1.try 2.attempt 3.test 4.tempt 5.make an attempt 6.to venture

tè mìtsì ɖó : v.1.to sniff 2.to snort

tè nú : v.to be up

tè núɖùɖù : v.to put on diet

tè.....ɖá (tsó....gbɔ́) : v.1.to abstain from 2.to refrain from 3.to keep from 4.forgo 5.stay away

tè.....ɖé àmè ŋú lɔlɔ̃tɔ̀è : v.1.to be affectionate 2.be loving

tè.....ná (nú) : v.1.to have an abscess

té : v.1.sting (of an insect) 2.tamp 3.pile it on 4.compress/ v.1.sharpening

té : n.millstone 2.stack

té : prep.1.under 2.below 3.beneath 4.underneath

té ḍèḍì....ŋú : v.1.to be exhausted 2.to be tired 3.be grueling

té gbè ḍé.....dzí : v.1.insist on 2.emphasize on 3.harp on

té kpé : v.1.to emphasize

té kpé àgbàlè̀ : v.1.to tan 2.hassle 3.thump

té kpɔ́: v.1.to feel 2.sound out

té ŋú : v.1.to be able 2.to reach 3.get through 4.succeed 5.afford to

té (....) ŋú (ḍèḍì) : v.1.be tired 2.be exhausted

té ŋú nyé bé : v.be likely

tédzí : n.donkey

tèfú : adj.1.sparkling 2.foamy 3.frothy

tèfé : n.1.place 2.position 3.spot 4.locality 5.space 6.site 7.location

tèfé ènè : n.1.quadruple

tèfé kɔkɔè lè àvě mè : n.1.clearing 2.glade

tèféḍóḍó : n.1.compensation 2.correction/ n.1.establishment 2.settlement

tèfélélé : n.1.reservation 2.booking

tèfénɔ̀lá : n.1.representative 2.delegate 3.agent

tèfénɔ̀nɔ̀: n.1.presence 2.attendance

tèféxɔ̀xɔ̀: n.1.density 2.specific gravity

tègè : n. scorpion

tégé : v.1.stuff 2.cram 3.pack 4.pile up 5.crowd

tègètégé : n.1.jam 2.loading

tèglí : n.perdix

tèglíví : n.partridge

tègbèè : adv.1.continually 2.always 3.ever 4.constantly

tèkùkù : n.1.harvest 2.gathering 3.yield 4.produce

tèlé : n.television

tèlèfón : n.telephone

tèlègrám : n.telegram

tèlèvìzìɔ̃́ : n.television

tènís (ì) : n.tennis

tènɔ̀nɔ̀: n.1.cessation 2.stop 3.demise

tènùví : n.only child

tètè/ tètè kò : adv.then

tèté : n.1.pressure 2.strain 3.stress 4.force 3.squeeze

tètédéànyí : n.oppression

tètédédzí : n.1.pressure 2.strain
3.stress 4.force 3.squeeze

tètèkpó: n.1.trial 2.test 3.temptation
4.attempt 5.try

tètì : adv.at least

tètónú : n.1.brake 2.drag 3.restraint

tétùlá : n.miller

téví : n.subordinate

tέk : n.teak wood

tέktí : n.teak tree

tì : v.1.jump 2.leap 3.spring 4.bounce
5.skip/ v.1.bother 2.annoy 3.trouble
4.weary 5.bully

tì : v.to have enough

tì féfé kpó : v.1.frolic 2.skip 3.gambol
4.frisk 5.leap

tì kò: v.be grueling

tì kpó : v.1.jump 2.skip 3.leap 4.hop
5.to make a leap/ v.wriggle

tì kpó áké : v.1.bounce 2.rebound
3.start up

tí (...) yòmè : v.1.continue 2.proceed
3.follow up 4.sustain/ v.1.persecute
2.work against

tiá : v.1.choose 2.select 3.pick out 4.to
vote for 5.to delegate

tiá....mè : v.1.sort 2.select/ n.1.choice
2.selection 3.option 4.collection/
n.1.designation 2.qualification

tiàtiá fòfú : n.1.collection 2.treasure

tiàtiáwòlá : n.1.selector 2.breeder

tìátìkpófé : n.theater 2.stage
3.playhouse

tígó : n.1.gourde 2.calabash 3.barrel

tígòmèbá : n.saucer

tîì : n.tea

tîìdónú : n.tea-pot

tîìgbé : n.1.citronella

tîìkplú/ tîìzé : n.tea-pot

tíkétì : n.ticket

tílà : n.talisman

tìmátì : n.tomato

tíntíndìdì : n.1.jingle 2.ringing 3.tinkle
4.clinking

tìtídó : n.1.prosecution 2.pursuit 3.suit

tìtrì : adj.1.thick 2.heavy 3.dense
4.bushy

tìtrìmè : n.thickness 2.ply

tò : v.1.to be muscular 2.be thick 3.be
stocky 4.be consisting

tò : n.1.buffalo/ n.mortar
2.mortarboard/ n.circle 2.ring 3.group/
n.1.hollow 2.cavity

tò mò : v.1.to frown 2.scowl

tó : v.1.push 2.drive 3.swell 4.grow
5.project/ v.1.pound 2.crush 3.beat
4.slap/ v.1.to quote 2.cite 3.tell/
v.1.husk 2.decorticate

tó : n.1.edge 2.board 3.side 4.border
4.flange/ n.1.father-in-law/n.mountain/
n.ear

tó : prep.on the edge of

tó dzò : v.to burn 2.burn off

tó égbɔ́ bé : conj.1.though 2.although
3.despite the fact that

tó kplé ŋúsẽ̀ : v.1.gush forth 2.spray
out 3.spout up

tó lè émè : v.1.subtract 2.remove
3.take away 4.take out

tó lè ŋúdɔ́wɔ̀wɔ̀mè : v.be out of use

tó nyà : v.1.recount 2.narrate 3.tell

tó vòvò : v.1.to be different 2.to vary

tó ʋù : v.to bleed

tó....dò : v.to pierce 2.penetrate 3.get
through

tó....dzí : v.to review

tó....mè : v.1.cross 2.pass through
3.penetrate/ v.revise

tó....ŋú : v.1.exceed
2.overtake 3.surpass

tó....tà : v.to go above

tó....vè: v.1.invent 2.make up 3.discover
4.concoct

tódzínɔ̀lá : n.mountain

tófé : n.1.route 2.itinerary 3.trace
4.track 5.trail

tófòdó : n.1.counseling crew

tófòfò : n.1.hem 2.hemstitch

tófòfòdó : n.1.morale 2.ethics
3.decency

tógɛ blàyà : n.earring

Tógó : n. Togo

tógódó : n.1.periphery 2.tower
3.contour 4.outline

Tógó-tɔ̀nù : n. Lake Togo

tógbènyà/ tógbènyàkúkú : n.1.cap
2.bonnet

tógbà : n.lip of the vagina

tógbɛ̀: n.1.hill 2.plateau

tógbɔ́: prep.1.despite 2.in spite of 3.in
the face of

tógbɔ́ bé....hǎ : conj.1.though
2.whatever 3.albeit

tóyè : n.round 2.patrol

tóhèhè : n.1.punishment 2.retribution
3.penalty 4.sanction

tóklǎ nánávɔ́: n.1.streamer 2.pennon

tókúnɔ́ : n.deaf person

tókúnɔ́ kplé àɖètútútɔ́ : n.1.deaf mute
2.deaf-dumb person

tólíɖèɖè : n.1.noise 2.rumor
3.disturbance

tòmàtí : n.pestle 2.drumstick

tòmè : n.1.circle 2.hoop 3.arena

tòmè (núwó) : n.1.rubble 2.debris
3.rubbish 4.wreck

tómè : n.1.slap 2.smack

tómènú : n.1.resource 2.resort
3.resourcefulness

tómènúkùlá : n.miner

tón : n.tonne

tónù/ tónùfuí : n.temple

tóɲù : adj.1.thorny 2.prickly 3.knotty

tósésě : n.disobedience

tòtí : n.1.pestle 2.drumstick

tòtó : n.pounding

tòtó kplé ŋúsé : n.1.gushing 2.spurting
3.shoot

tòtrò : n.pipe 2.hose 3.vent

tòtró : n.1.rotation 2.turnover 3.motion
4.shift

tòtroé : adj.1.frizzy 2.fuzzy

tótuí : n.bud

tóvélá : n.inventor 2.manufacturer

tówó dòmè : n.1.bowl 2.basin 3.pan

tówúwú : n.muteness

tóyìyì : n.darkening/ n.capsize
2.breaking down

tóyɔ́ví : n.1.son-in-law 2.daughter-in-law

tɔ̀: v.1.sew 2.stitch 3.mend/ v.1.to roast
2.to fry

tɔ̀: n.1.river 2.stream 3.lagoon/
n.1.property 2.estate/ n.tower

tɔ̀: pron.1.he 2.him 3.that

tɔ̀ bú : v.to limp

tɔ̀ kpɔ́ fò xlá : v.1.to fence 2.to wind up

tɔ́: v.1.to stop 2.terminate 3.slow down
4.to cease 5.discontinue/ v.1.to sting
2.to prick/ v.to be delirious/ v.1.to soak
2.step 3.temper

tɔ́ : n.father

tɔ́: n.vendor 2.seller 3.dealer 4.salesman

tɔ́ àdèkpuì : v.1.to stab 2.put a knife into

tɔ́ àfɔ tó : v.1.stand up to 2.fight off 3.stand up

tɔ́ àfɔkpódzígà : v.1.to hound 2.to urge on 3.to outwit 4.follow

tɔ́ àsí : v.1.to touch 2.feel 3.to contact

tɔ́ dɔ̀ : v.to peck

tɔ́ dzò : v.1.to ignite 2.inflame 3.to burn 4.to set on fire

tɔ́ dzò ákpá : v.to overheat

tɔ́ ɖà : v.to braid

tɔ́ gàtàgbàdzɛ́ :v.1.to nail 2.to nail down 3.pin down

tɔ́ hɛ̌ : v.1.to stab 2.to put a knife into

tɔ́ màʋàmàʋà : v.1.to immobilize 2.strap up 3.convert

tɔ́ nú : v.1.to point 2.to mark

tɔ́ ŋkú : v.to be shocking

tɔ́ tè : v.1.to stop 2.cease 3.pin down 4.stand still

tɔ́ ʋu : v.1.to park 2.to dock

tɔ̀dzísásá : n.1.bridge 2.deck

tɔ̀dzíʋú : n.1.ship 2.boat 3.vessel

tɔ̀dzíʋúkúkú : n.navigation

tɔ̀dzíʋúkúlá : n.1.navigator 2.sailor 3.seafarer

tɔ̀dzíʋúmèɔ́dwɔ̀lá : n.1.sailor 2.sea man

tɔ̀dzíʋúmènɔ́lá : n.1.navigator 2.sailor 3.seafarer

tɔ́ɖè/ tɔ́ɖì : n.paternal uncle

tɔ́ɖédzí : n.1.equilibrium 2.balance

tɔ́ɖèyɔ́ví/ tɔ́ɖìyɔ́ví : n.1.nephew 2.niece (relating to the paternal uncle)

tɔ́ɖèyɔ́ví/ tɔ́ɖìyɔ́ví nyɔ́nù : n.niece (relating to the paternal uncle)

tɔ́ɖì n. paternal uncle (younger than father)

tɔ́ɖìá n. paternal uncle (younger than father)

tɔ́ɖìá ƒé ví/ tɔ́ɖìà ƒé ví : n.1.male cousin 2.female cousin (son or daughter of a paternal uncle)

tɔ́ƒé : n.1.car park 2.parking lot 3.standstill

tɔ́gá : n. paternal uncle (older than father)

tɔ́gáfé ví : n.1.male cousin 2.female cousin (son or daughter of a paternal uncle)

tɔ́gá tɔ́ɖìvíwó : n.cousins

tɔ́gávítɔ́ɖèví : n.1.nephew 2.niece

tɔ́gáyɔ́ví : n.nephew (relating to the paternal uncle)

tɔ́gáyɔ́ví nyɔ́nù : n.niece (relating to the paternal uncle)

tɔ̀gbì : n.1.analogue 2.copy 3.model

tɔ́gbuí : n.1.grandfather 2.forefathers 3.ancestor

tɔ́gbuínú : n.tradition

tɔ́gbuítɔ̀tɔ́gbuí : n.great grandfather

tɔ́gbuítɔ̀tɔ́gbuíyɔ́ví (ŋútsù/ nyɔ́nù) : n.1.great granddaughter 2.great grandson

tɔ́gbuítɔ̀tɔ́gbuíyɔ́ví nyɔ́nù : n.1.great granddaughter

tɔ́gbuítɔ̀tɔ́gbuíyɔ́ví ŋútsù : n.great grandson

tɔ̀ká : n.1.bucket 2.pail 3.scuttle

tɔ̀kɔ̀: n.1.river bank 2.shore

tɔ̀kúkúlá : n.drowned person

tɔ́kpò : n.1.bucket 2.pail 3.scuttle

tɔ̀mbòlá : n.1.raffle 2.draw

tɔ̀mè : n.river

tɔ̀mè : n.aquatic

tɔ̀mèkpé : n.1.reef 2.ledge 3.ridge

tɔ̀mèlà̃: n.fish

tɔ̀mèlàã̀dzráfé : n.fish shop

tɔ̀mèã̀dzrálá : n.fishmonger

tɔ̀mèlà̃fú : n.fish bone

tɔ̀mènyì : n.hippopotamus

tɔ̀nyè : poss.pron. Mine

tɔ̀sísí : n.1.river 2.stream

tɔ̀sísídzèfé : n.estuary

tɔ̀tó : n.bank

tɔ̀tɔ̀: n.1.sewing 2.dressmaking 3.couture

tɔ̀tɔ̀: adj.fried

tɔ̀tɔ́ : n.1.stop 2.stoppage 3.halt 4.car-park 5.parking 6.interruption 7.braking/ n.1.mixture 2.confusion 3.trouble 4.quarrel 5.complication 6.blackout 7.dizzy spell / n.balance 2.equilibrium

tɔ́tɔ́ : v.1.upset 2.shake 3.shake up
4.trouble 5.disrupt 6.embarrass 7.be in
trouble 8.confuse 9.entangle

tɔ́tɔ́ (tàgbɔ́) : v.1.be troubled 2.to
overwork 3.to over strain

tɔ́tɔ́ ɖà : v.to portray

tɔ́tɔ́ ɖé.....ɖókuí mè : v.1.to become
confused 2.to be troubled

tɔ̀tɔ́lélé : n.braking

tɔ̀trɔ́: n.1.change 2.alteration
3.transformation 4.turning point
5.about-turn 6.rotation 7.variation/
n.1.maneuver 2.manipulation

tɔ̀trɔ́ àfá : n.about-turn

tɔ̀trɔ́ dzì : n.refrain 2.tune

tɔ̀trɔ́ gbɔ̀: n.1.return 2.re-entry

tɔ̀trɔ́ kɔ̀ ɖí : n.1.overthrow 2.overturn
3.spill 4.Topsy-turvydom

tɔ̀trɔ́ nyuí : n.1.improvement
2.amelioration 3.mending

tɔ̀trɔ́ ʋù : n.reopening

tɔ̀trɔ́ wɔ̀: n.reorganization

tɔ̀trɔ́ yì : n.return 2.reversion
3.recurrence

tɔ̀trɔ́ɖóɖá : n.transshipment

tɔ̀trɔ́lá : n.1.unholy 2.prowler

tɔ́tsìkpé : n.battery 2.pile 3.stake

tɔ̀ʋú : n.1.stream 2.creek 3.brook
4.torrent

tɔ̀wò : poss.pron. Yours

tɔ̀wòwó : poss.pron. Yours (plural)

tɔ̀xɛ̀ : adj.1.particular 2.special
3.exceptional 4.extraordinary 5.typical
6.famous

tɔ̀xɛ̀......tɔ̀xɛ̀ : adv.1.separately 2.apart
3.singly

tɔ̀xɛ̀ɛ̀ : adv.1.exceptionally 2.particularly
3.specially 4.especially

tɔ̀xɛ̀nyényé : n.1.originality
2.particularity 3.specialty

trà : v.1.to skid 2.deviate 3.deflect
4.stray

trá : v.1.to tighten 2.shrink

trálɛ́ɛ́ : adj.1.slim 2.slender 3.thin

trálɛɛ (lè/nɔ̀) : v.1.to be slim 2.to be thin
3.to be slender

tràzìstɔ́nyàsèmɔ̀: n.transistor

trè : v.1.to skid 2.deviate 3.deflect

trè : n.1.bachelor 2.an unmarried person 3.celibate 4.maiden

trè mɔ́ : v.1.derail 2.venture

tré : v.1.to paste 2.to stick 3.glue 4.bond 5.seal 6.repair 7.mend

tré àgbàlèvíɖé.....dzí : v.1.to label 2.brand 3.to tag

tré mɔ̀: v.to ambush

trékà : n.calabash

trékákɛ̀ : n.float 2.pontoon 3.water wings

tré....ɖé (glì)ŋú : v.to stick on the wall

trènɔ̀: n.an unmarried woman 2.spinster 3.maiden

trì : v.1.to be thick 2.to be fat 3.to be compact 4.to slam 5.to bang

trì (nùyí) : v.being sloth

trì àgbà : v.to be robust

trì àkɔ́ : v.to be robust 2.be superb

trìàkɔ́ : adj.1.robust 2.superb

tró : v.1.to turn 2.to rotate 3.to swing 4.to spin/ v.to loosen a nut

tró lè yà mè : v.1.to twirl 2.to swirl 3.to twirl 4.to spin

tró vísì : v.1.to screw 2.to unscrew 3.to loosen

trɔ́ : v.1.to change 2.alter 3.vary 4.be variable 5.edit 6.modify 7.amend 8.transform 9.convert/ v.1.to turn 2.to return 3.turn back 4.to make an about turn 5.to grind 6.to divert 7.turn away

trɔ́(ŋkúmè) : v.to be disfigured

trɔ́ àsí : v.to do a retouch

trɔ́ àsí lè.....ŋú : v.1.to shape 2.to model 3.to mold

trɔ́ àzɔ̀lì ɖɔɖɔ̀ɖɔ̀: v.1.to slow down 2.decelerate 3.slacken 4.go slow

trɔ́ ɖà : v.to replace

trɔ́ ɖò : v.to reappear

trɔ́ ɖò gŏ : v.1.to bring out 2.stand out 3.take out 4.show up

trɔ́ dzé : v.to reappear

trɔ́ dzìmè : v.1.to repent

trɔ́ dzó : v.1.to go on 2.to start off again

trɔ́ ɖè : v.to recover 2.to fish out

trɔ́ ɖèkákpuì : v.to rejuvenate (in the case of a man)

trɔ́ ɖètùguì : v.to rejuvenate (in the case of a woman)

trɔ́ gbŏ : v.to reverse

trɔ́ gbɔ̀: v.1.to return 2.turn back 3.reverse

trɔ́ yɛ̀yíyì : v.1.to postpone 2.carry forward 3.carry over

trɔ́ mɔ́dzɔ̀tí : v.1.to shine 2.to point 3.to aim

trɔ́ nɔ̀nɔ̀mè : v.to change one's attitude

trɔ́ tà : v.1.to denounce 2.to renounce 3.to report

trɔ́ tàmè ná : v.1.to charm 2.to bewitch

trɔ́ tsyà : v.to renew

trɔ́ vá : v.1.to return 2.to turn back 3.revert 4.reverse 5.to restore

trɔ́ vá ɖɔ́ : v.1.to come back 2.return 3.turn back

trɔ́ vá mègbé : v.to fall back on 2.bend on

trɔ́ wɔ̀: v.1.to reorganize 2.revamp 3.remodel

trɔ́ yì : v.to go back 2.to return 3.turn back

trɔ́ yì àlɔ̀ mè : v.to back to sleep

trɔ́ zù : v.1.to become 2.to be 3.to convert

trɔ́ zù dzùdzɔ̀: v.to evaporate

trɔ́......ɖɔ́ ɖé : v.redirect 2.send back 3.return

trɔ́......bù : v.1.reverse 2.overthrow 3.overturn 4.turn

trɔ́......ɖókuì : v.to disguise oneself

trɔ́......ɖókuì (ɖé.....ŋú) : v.to adapt 2.to adjust

trɔ́......kɔ̀ ɖí : v.1.overthrow 2.overturn 3.topple 4.subvert 5.knock over 6.capsize

trɔ́......lè dɔ̀mè : v.to digest

trɔ́......mù : v.1.to go down 2.overturn 3.topple 3.capsize 4.knock over

trɔ́......sì : v.1.rekindle 2.light again

trɔ́......tà : v.1.to betray 2.to give away 3.sell out 4.go against 5.double cross

trɔ́......tsyɔ́ : v.1.overthrow 2.overturn 3.topple 4.subvert 5.knock over 6.capsize

trɔ́.....vá : v.1.to return 2.restore 3.come back

trɔ́ : n.fetish

trɔ́ : adj.1.sacred 2.religious 3.sacral 4.spiritual

---

trɔpɛtìkpè : n.trumpet

trɔ́nú : n.charmer

trɔ́sì : n.witch doctor 2.fetish priestess

trɔ́tsòèmɔ́ : n.1.shortcut 2.short way off

trú (nú) : v.1.to vomit 2.throw up
3.spew/ v.1.to build 2.construct 3.put
up 4.edify 5.erect 6.work
7.manufacture/ v.1.enclose 2.join
3.attach/ v.1.grind 2.mill 3.crush
4.smash/ v.1.rage 2.break out
3.rampage/ v.1.stamp 2.swab 3.dab at

tù ámpé : v.to play ampe (a game
played usually by girls which involves
jumping)

tù dzùdzɔ̀ : v.1.make smoke

tù kɔ́ : v.1.hit with fist 2.to punch

tù nɔ̀fé : v.1.to establish 2.develop
3.institute

tù stámpó : v.1.to stamp 2.postmark
3.put stamp on

tù tàmpɔ́....dzí : v.1.stamp 2.swab
3.buffer 4.bump

tù tè : v.to almost arrive

tù wɔ́ : v.1.to mill 2.grind

tù.....ɖó : v.1.to form 2.make 3.develop
4.shape 5.train

tù.....mègbé : v.stamping

tú : v.1.close 2.shut 3.seal 4.lock 5.bar
6.block 7.slam 8.barricade/ v.1.to spit
2.spew/v.to paralyze / v.to adjust/ v.to
be compact

tú (kplé kràɖúgbà) : v.to lock with a
padlock

tú (kplé sáfuí) : v.to lock with a key

tú : n.1.gun 2.short gun 3.riffle

tú (gbèmè) : v.1.to be hoarse 2.to
hoarsen

tú dzúdzɔ̀ : v.1.to fume 2.smoke

tú dókuí : v.to lock oneself up

tú gbɔgbɔ̀(ɖé fò) : v.1.to stifle 2.to
suffocate

tú gbɔgbɔ̀ : v.1.to choke 2.stifle
3.suffocate

tú kà (ná) : v.1.to loosen 2.untie
3.unfasten 4.unbind 5.unlace

tú létàfè : v.1.enfranchise 2.manumit

tú.....kplé kráɖùbá : v.to lock with
padlock

tú.....nù : v.to cover up 2.smolder

túdàdà : n.1.musketry 2.shooting 3.gun-
fire 4.shoot-out

túdàdàtɔ́tɔ́ : n.1.cease fire
2.disengagement

túdàlá : n.1.gunman 2.shooter

tùgù : v.1.to crumple 2.rumple 3.crease 4.to scrub

tùgùtùgù : n.1.rustling 2.crumpling 3.creasing

tùkáḍá : n.1.wag 2.movement 3.stirring

tùkuí : adj.1.small 2.tiny 3.fractional 4.petty

tùkpé : n.1.cartridge from a riffle 2.lead from a riffle 3.bombshell

tùkpé kplé ḍù : n.ammunition

túkpuì : n.1.pistol 2.revolver

tùmè : n.1.back 2.spine 3.reverse

tùtù : v.1.push 2.drive 3.urge 3.dispel

tùtù : n.1.construction 2.building 3.manufacturing 4.fabrication 5.production/ n.crushing

tùtù : adj.ground

tùtú : n.1.closing 2.closure 3.shutdown 4.banging/ n.1.disentanglement 2.disentangling

tútú : v.1.wipe 2.mop 3.dust 4.polish 5.wash 6.erase 7.clean 8.clean out

tútú : adj.1.firm 2.solid 3.hard 3.steady

tútú ʋùʋùdédí : v.to dust

tútú (.....kplé blɔsù) : v.to brush

tútú (.....kplé gúmì) : v.to erase 2.rub out

tútú....ŋú : v.1.to scrub 2.scrape

tùtúdɔ: n.1.paralysis 2.poliomyelitis

tútúḍá : n.1.erasure 2.deletion 3.wiping out

tútúḍó : n.1.training 2.formation 3.education 4.development 5.molding

tútútú/ tútúútú : adv.exactly 2.precisely 3.rightly 4.justly

TS

tsà : v.1.wander 2.roam 3.loiter 4.stroll/
v.pour out

tsà àdè : v.1.grind 2.run in 3.break in

tsà àsì : v.to trade

tsà àsí : v.1.grope 2.fumble 3.scrabble
about

tsà ŋkú lé....mè/ dzí : v.1.to explore
2.spy 3.snoop

tsà tsàgàlà : v.1.to wander 2.roam
3.rove

tsá: v.1.lose taste 2.lose flavor

tsá : adv.1.previously 2.before
3.beforehand 4.in the old days 5.in the
past 6.formerly

tsàḍìḍì : n.1.walk 2.stroll 3.hiking
4.excursion

tsàḍìfé : n.1.excursion 2.tour place

tsàḍìlá : n.1.hiker 2.stroller 2.walker
3.rambler

tsàglàlàtsàlá : n.1.tramp 2.adventurer

tsáká : v.1.mix 2.blend 3.muddle
4.dilute

tsáká : n.1.mixture 2.mixing 3.blend

tsáká nú : v.1.splutter 2.sputter 3.flout

tsàkàtsáká : n.1.mixture 2.combination
3.dilution

tsátɔ́ : adj.1.former 2.ancient 3.old
4.one-time 5.old-fashioned

tsàtsàlá : n.nomad

tsàxé : n.1.guinea fowl 2.guinea hen

tsàxéví : n.the young of a guinea fowl

tsé : v.1.produce 2.generate 3.yield
4.manufacture

tsètsè : n.1.production 2.generation
3.output 4.produce

tsètsè : adj.1.battered 2.scarred

tsètsèkpò : n.1.cluster 2.truss 3.tuft

tsɛ̀ : adj.commonplace 2.banal
3.mundane 4.trivial

tsɛ́ : n.1.little brother 2.cousin

tsì : v.1.grow 2.rise 3.swell 4.aging 5.to
be old/ v.1.ferment 2.brew

tsì : n.1.water 2.shower 3.sap 4.juice

tsì (fò) : v.be wet

tsì dɔ́ : v.1.overwhelm 2.submerge
3.gulf

tsì kà : v.to be stubborn

tsì kpátá : v.to go off suddenly

tsì xáxá : n.puddle 2.pool

tsí : v.1.put out 2.switch off 3.extinguish
4.remain 5.stay

tsí : n.1.ladle 2.dipper

tsí àgbè : v.1.to survive 2.live through
3.live on

tsí dɔ̀: v.to be fasting

tsí dɔ̀yɔ̀ɟfé : v.to be hospitalized

tsí dzǐ : v.to be impatient

tsí dzǐ ɖé....ŋú : v.to worry about

tsí dzìmàɖì : v.1.be worried 2.to be
restless

tsí dzódzódzoé : v.1.be worried 2.to be
restless

tsí ɖèká : v.to be lonely

tsí glì dòmè : v.to be immured

tsí gbɔ̀gbɔ̀: v.be exhausted

tsí gbɔ̀gbɔ̀ ɖé ɟfó : v.be stifling

tsí gbɔ̀gbɔ̀ ɖé ɟfó (ná) : v.to suffocate
2.to choke 3.smother

tsí mègbé : v.1.to be late 2.to delay

tsí nù : v.1.mitigate 2.ease 3.lessen
4.tone down

tsí nù dɔ́ : v.to fast

tsí tɔ̀mè : v.to drown

tsí trè : v.1.stand up 2.standstill

tsí trè (lè àdzà mè) : v.1.to plot
2.scheme 3.conspire

tsí trè ɖé....ŋú (tí) : v.1.contest
2.contradict 3.contest against 4.oppose

tsí tsí dzí : v.1.float 2.hover 3.drift

tsí yà mè : v.to float

tsí......dzí : v.to have a surplus of

tsí.....fò (gbɔ̀gbɔ̀) : v.to falter 2.to pant

tsí.....nù : v.1.to avoid 2.avert/
v.1.mitigate 2.ease 3.lessen

tsìdédé ànyígbá : n.irrigation

tsìdétà : n.baptism

tsìdò : n.1.swimming pool 2.fountain
3.tank

tsìdzàdzà : n.1.rain 2.shower 3.hail

tsìdzàdzàgá kpàtà : n.1.shower
2.downpour

tsìdzàyì : n.rainy season

tsìdzɔ̀fé : n.1.spring 2.fountain 3.source

tsìdzùdzɔ̀zùzù : n.evaporation

tsìḍóḍó : n.1.preparation 2.planning
3.making

tsìḍɔ́ḍɔ́: n.1.flood 2.flooding 3.high tide

tsìfɔnú : n.1.blotter 2.blotting paper

tsìfúdò : n.1.pool 2.swimming pool

tsìfúfú : n.1.swim 2.swimming

tsìfúlá : n.swimmer

tsìgáḍzí : adj.1.demode 2.unfashionable
3.dowdy

tsìgò : n.1.tank 2.cistern/ n.radiator

tsìgòè : n.1.gourd 2.calabash 3.squash

tsìhéhlé : n.1.splash 2.splatter 3.spatter

tsìkà : adj.1.stubborn 2.obstinate
3.headstrong

tsìkàkà ḍé ànyígbá : n.irrigation

tsìkɔ̀: n.1.thirst 2.thirstiness

tsìkɔ̀dí : n.libation

tsìkùgànú : n.1.bucket 2.pail 3.scuttle

tsìkpé : n.1.hail 2.icè block 3.snow

tsìkpékɔ́: n.iceberg

tsìkpékɔé : n.1.ice cube 2.iceberg
3.block of ice

tsìkpɔ́: n.detention 2.restraint
3.deduction

tsìléàmè : n.1.shipwreck 2.wreck
3.drowning

tsìléfé : n.bathroom

tsìléfé : n.1.dam 2.water reservoir

tsìlélé : n.bathing

tsìlètsé : n.towel

tsìlì : n.1.gutter 2.channel 3.ditch
4.furrow

tsìmègbé : adj.1.late 2.belated 3.tardy

tsìmì : n.perfume

tsìnòfé : n.trough

tsìnú : n.1.humidity 2.moisture
3.wetness 3.damp

tsìnúŋlɔtí : n.1.pen 2.writing pen

tsìtèfé : n.1.swamp 2.marsh 3.morass

tsìtíkè : n.syrup

tsìtò : n.1.tank 2.cistern

tsítótsító : adv.1.strictly 2.tightly 3.in
detail/ n.cabinet 2.wardrobe

tsìtrètsíḍéŋúlá : n.protest

tsìtrètsíḍéŋútɔ́: n.opposition

tsìtrètsítsí : n.1.resurrection/ n.1.revolt
2.insurrection 3.insurgency

tsìtrètsítsí ḍé.....ŋú : n.1.disapproval
2.reproof 3.disapprobation

tsìtrètsítsíḍéŋú : n.1.appeal 2.dissent 3.opposition

tsìtrɔ̀nú : n.gutter

tsìtsétsé : n.1.waterfall 2.cascade

tsìtsì : adj.1.old 2.aged 3.ancient

tsìtsí : n.1.extinction/ n.1.retention 2.poise

tsìtsìtɔ̀: adj.1.elder 2.eldest 3.senior

tsìtsrì : n.1.disdain 2.scorn 3.contempt 4.disregard

tsìtútú : n.1.fountain 2.water-shoot

tsìʋè : n.1.swimming pool 2.pool

tsìwúnú : n.watering can

tsìwúwú : n.1.spray 2.sprinkle

tsò : v.1.cut 2.cut off 3.disconnect 4.snap 5.break 6.to break up 7.break off 8.sever 9.slice/ v.1.mow 2.shear 3.fleece/ v.1.cross 2.overcome 3.pass through/ v.1.reap 2.cradle/ v.immolate

tsò (dzìkà) : v.1.have a stage fright 2.have the jitters

tsò àséyè ḍé....ŋú : v.1.cheer 2.applaud 3.acclaim

tsò àtsíáfù : v.to make a cross

tsò àʋà ná : v.1.circumcise

tsò émè ná : v.to fake

tsò gà : v.1.to cross 2.to pass 3.to cruise

tsò gbĕ : v.1.to bet 2.gamble 3.to wager

tsò hlò ná : v.1.to kill 2.slay 3.butcher 4.slit throat

tsò nó ná : v.to wean

tsò sŏmè : v.1.to dribble 2.fake

tsò tà : v.1.behead 2.decapitate

tsò ʋù : v.1.to kill 2.slay 3.butcher

tsò.....dòmè : v.to intervene

tsò.....ḍé ànyí : v.1.strike 2.crush 3.strike down

tsò.....ḍé bòlí mè : v.to log 2.cutting

tsò.....mè : v.1.to cross 2.pass through 3.get through 4.traverse

tsò....xɔ̀: v.1.intercept 2.waylay

tsó : v.1.arise from 2.come 3.reach/ v.1.to get up 2.stand up 3.recover

tsó : n.1.stake 2.post 3.picket 4.pole/ n.1.clamp 2.cramp 3.hook 4.bracket 5.hanger

tsó àlàfá mè : n.1.percentage 2.proportion

tsó ázɔ̌ dzí : adv.henceforth

tsó....ḍó : v.1.connect 2.link 3.join

tsó ŋú/ tsó....ŋútí : prep.1.in connection with 2.concerning 3.related to

tsófé : n.1.origin 2.reason 3.motif 4.circumstance 5.instance

tsòkpɔ́ : adj.1.spotted 2.speckled 3.stained 4.dappled

tsótí : n.1.stake 2.post 3.pale

tsòtsò : n.1.cutting 2.carving 3.indention 4.shearing

tsɔ̀: v.1.be clever 2.to be fast 3.be quick 4.to accelerate

tsɔ̀ ná (àmè) : v.1.to hurry 2.hasten 3.hurry

tsɔ̀.......gbɔ́ : v.1.to be close 2.approximate

tsɔ́ : v.1.take 2.catch 3.assume 4.grab 5.seize 6.grasp 7.to carry 8.transport/ v.use

tsɔ́ (dzídzá) : v.to have hiccups

tsɔ́ àfɔ: v.1.to prosper 2.thrive

tsɔ́ àyè : v.to employ tactics

tsɔ́ ɖà ɖí : v.1.to deposit 2.file 3.drop off 4.put down 5.set down

tsɔ́ dě lè......mè : v.1.to worry about 2.care about 3.be interested in

tsɔ́ fiá : v.1.to present 2.introduce

tsɔ́ gàlégà lé : v.to magnetize

tsɔ́ kè : v.1.to forgive 2.tolerate 3.pardon

tsɔ́ kɔ̀: v.1.waddle 2.wobble 3.wag

tsɔ́ ŋkú tsò : v.1.to guess 2.imagine 3.divine 4.infer

tsɔ́ sùsú ɖó....ŋú : v.1.to concentrate 2.to focus

tsɔ́.......dà : v.1.deposit 2.put down 3.set down

tsɔ́.....dé àsí : v.1.allocate 2.attribute 3.assign 4.grant 5.award

tsɔ́.....dé....mè : v.1.introduce 2.place 3.insert 4.usher

tsɔ́.....dó...kpó : v.1.to publish 2.issue 3.publicize 4.bring out

tsɔ́....ɖé.....dzí : v.to put on

tsɔ́....ɖé....tèfé : v.1.confound 2.overwhelm 3.muddle 4.astound

tsɔ́....ɖé fè dòmè : v.to take a pinch of

tsɔ́....ɖó àsì : v.1.exhibit 2.display 3.expose 4.set out 5.show

tsɔ́....ɖókuĭ ná : v.to devote oneself to

tsɔ́....fò ɖó : v.1.shove 2.poke 3.cram 4.push

tsɔ́.....gbùgbɔ̀ dà : v.to replace

tsɔ́....kè : v.1.to pardon 2.forgive
3.excuse

tsɔ́....kpé : v.1.to add 2.supplement
3.subjoin 4.append 5.affix

tsɔ́....ná : v.1.to give 2.transmit 3.deliver
4.hand over 5.deliver 6.remit

tsɔ́....tù ànyí : v.1.to pose 2.lay 3.put
4.put down

tsɔ́....tsɔ̀(kplé) : v.1.to compare 2.to
liken 3.confront

tsɔ́....vɛ́ : v.1.to bring 2.bring along
3.bring round

tsɔ́....wɔ̀: v.1.undertake 2.initiate 3.start

tsɔ́....yì : v.1.to carry 2.take away 3.take
4.carry out 5.carry off

tsɔ́....yì xɔmè : v.1.return 2.get in 3.run
into

tsɔ́fé : n.1.circumstance 2.occasion
3.instance 4.condition

tsɔ̀tsɔ̀: n.1.speed 2.swiftness 3.fastness
4.skill 5.dexterity

tsɔ̀tsɔ́ : n.1.seizure 2.distress/
n.1.carriage 2.bearing 3.transport
4.transportation 5.conveyance

tsɔ̀tsɔ́ fiá : n.1.presentation
2.introduction

tsɔ̀tsɔ́ kè : n.1.pardon 2.forgiveness

tsɔ̀tsɔ́ sá vɔ̀: n.immolation

tsɔ̀tsɔ́ vá émè : n.1.importation
2.import

tsɔ̀tsɔ́ vɛ̀: n.1.contribution 2.input

tsɔ̀tsɔ́ dò : n.1.exporttation 2.export

tsɔ̀tsɔ́kpéwɔ̀wɔ̀: n.1.addition
2.summation

tsɔ̀tsrɔ́ : n.1.destruction 2.eradication
3.extermination

tsrà : v.1.to stream 2.trickle 3.to drip

tsrànuí : n.sieve

tsrì : v.1.to hate 2.disdain 3.scorn
4.disregard 5.despise 6.detest/ n.1.shell
2.tortoise shell 3.pod 4.peel 5.skin

tsródèdè : n.husking

tsróloé : adj.1.liquid 2.fluid 3.runny
4.wet

tsrɔ́ : n.1.decimate 2.destroy 3.butcher
4.mangle

tsrɔ́nú : n.1.heritage 2.inheritance
3.entailment 4.legacy

tsrɔ́nyílá : n.1.heir 2.inheritor

tsù : n.1.clay 2.quarry 3.stone-pit 4.pit

tsuɛ̀ : adj.1.abrupt 2.steep 3.precipitous 4.sheer

tsùkúkú : n.1.delirium 2.ravings

tsyá : v.1.weld 2.braze 3.link 4.join 5.to pick up 6.gather

tsyàtsyàŋgá : n.skewer

tsyiɔ́ àkɔ̀nyí : v.to squat 2.crouch

tsyìtsyìŋgá :n.skewer

tsyó : n.1.canine 2.fang

tsyɔ̀ : v.1.filter 2.seep in 3.infiltrate 4.ooze

tsyɔ̀ àdè : v.1.to drool 2.salivate

tsyɔ̀ tsì : v.to be permeable

tsyɔ́ tsyɔ́: v.1.cover up 2.cover 3.shield 4.wrap / v.1.encumber 2.congest 3.obstruct/ v.1.turn over 2.topple 3.capsize

tsyɔ́ àkɔ́ ànyí : v.to grovel

tsyɔ́ àvɔ̀ tà : v.to wear a turban

tsyɔ́: n.funeral 2.obsequies

tsyɔ́ (dì) : v.to attend funeral

tsyɔ́.......dzí : v.1.strew 2.litter/ v.1.overhang 2.project over

tsyɔ́dìdì : n.participation in funeral

tsyɔɛ́ví : n.1.orphan

tsyɔɛ́víwó hèfé : n.orphanage

tsyɔ́kì : n.1.wedge 2.chock 3.hold

tsyɔ́nú : n.1.strainer 2.sieve

tsyɔ̀tsì : n.infiltration 2.injection 3.permeation

tsyɔ́wɔ̀wɔ̀: n.organization of funerals

V

và : v.to sow

vá : v.1.come 2.reach 3.be

vá dzò: v.1.arrive 2.reach 3.happen
4.occur 5.arise

vá ḍó : v.1.to reach 2.arrive 3.get
through 4.occur 6.happen

vá émè : v.1.achieve 2.perform
3.implement 4.attain 5.execute

vá yì : v.1.pass 2.skip 3.go by

vàgɔ́ : n.wagon

váséḍé /váséḍé.....ké : prep.1.until 2.till

vàvá : n.1.arrival 2.influx 3.surge

vàvá yì : n.passage 2.passing 3.crossing

vávà̀ : adj.1.real 2.actual 3.live 4.right

váva (élè émè-bé) : adv.1.actually
2.truly 3.really 4.decidedly

vávátɔè : adv.1.really 2.truly 3.actually

vě : n.monitor lizard

vé : v.1.peck 2.prickle 3.tingle/ v.1.to
regret 2.be sorry/ v.to choke 2.offend

vé (làmè) : v.to have body aches

vé àḍǐ : v.to be toxic

vé dzè : v.to be dirty

vé lè nù mè : v.be bitter

vé lè tó mè ná : v.to be painful to the
ear

vé ŋútí (dɔmè) : v.to be upset

vé tómè ná àmè : v.to be painful to
one's ear

vé àḍǐ : v.to be toxic

védòmèsí : adj.1.fair 2.tolerable
3.negotiable

véhlò : n.1.esophagus 2.gullet

vènɔ̀ví : n.twin

vèntέ/ vὲtέ : n.1.underpants 2.pants
3.panties

vétómè : adj.1.piercing 2.sharp 3.shrill

vèvé : n.1.pain 2.grief 3.sorrow 4.ache
5.bitterness/ n.1.bile 2.gall 3.spleen

vèvésèsè : n.1.pain 2.grief 3.sorrow 4.ache 5.bitterness 6.misery 7.anguish 8.torment 9.agony 10.ordeal

vèvésèsèɖéàmètí : n.sympathy

**vév
í** : adj.1.important 2.principal 3.primary 4.basic 5.useful

vévídólá : n.studious person

vèviédódó : n.1.fury 2.fierceness 3.stubbornness 4.ruthlessness

vèviétɔ: adj.1.essential 2.principal 3.important 4.vital

vèvinyényé : n.1.importance 2.significance 3.necessity 4.requirement

vèvítɔ: adj.1.important 2.vital 3.essential 4.principal

vɛ́ : n.wine

vɛ̌lɛ̀ : n.candle

vɛ̀ntílì : n.connection 2.join

vǐ : n.1.child 2.baby 3.kid 4.young 5.infant

ví : n.child 2.diminutive

ví áɖé : adv.1.a little of 2.a bit of 3.a spot of

ví ɖèká hɔ̃́: n.only child

vǐ ʃe víwó : n.grandchildren

vǐ nyɔ́nù : n.daughter

vǐ ŋútsù : n.son

vǐ dzìdzì : n.native

vǐĩ (wɔ̀-) : v.to be dull

vǐdzì : n.1.newborn baby 2.baby

vǐdzìʃé :n.maternity

vǐdzìʃé kɔ́dzí : n.1.maternity hospital

vǐdzìnúwó : n.baby linen

vǐdzìwùdzíwuì : n.brassiere

víɖě : n.1.income 2.profit 3.gain 4.interest

víé : adv.1.slightly 2.lightly 3.a little 4.a bit

vìnígà : n.vinegar

vǐnyényéɖèɖèɖá lè vǐdùdzí : n.decolonization

víví : v.1.to be good 2.to be gentle 3.to be sweet 4.to be succulent 5.to be delicious 6.to be excellent 7.to be exquisite 8.to be tantalizing 9.to be amusing

víví : adj.1.good 2.sweet 3.succulent 4.delicious 5.tantalizing 6.excellent 7.gentle 8.tantalizing 9.marvelous 10.passionate

víví ŋútɔ́ : v.1.to be excellent 2.be marvelous 3.be passionate 4.be sweet vìvímè : n.1.taste 2.flavor 3.savor

vìvìtí : n.1.obscurity 2.darkness
3.gloominess/ n.1.mystery 2.puzzle

vìvìtídódó : n.1.gloominess 2.darkness

vìvìvì : adv.1.gradually 2.little by little
3.progressively

vǐxélá kpédénútɔ́: n.matron

vlàvòò : adv.1.sometimes 2.from time
to time 3.occasionally

vló : v.1.be rude 2.be naughty 3.be
wicked

vloé/ vluí : adj.1.insolent 2.cheeky
3.impertinent 4.wicked

vlú : v.1.unfold 2.open 3.display
4.brandish 5.unroll 6.expand 7.extend

vlú....mè : v.1.unroll 2.unwind

vò : v.1.be free 2.be comfortable

vò : n.apple

vó : v.1.to go bad 2.be rotten 3.to spoil

vó : n.penis

vòdàdà : n.1.offense 2.fault 3.mistake
4.error

vòdàlá : n.culprit 2.guilty party

vòdú : n.idol

vòdèdè : n.isolation

vòkú : n.testicle

vòlkánó : n.volcano

Vóltà -tɔ̀sísí : n. River Volta

vòtí : n.apple tree

vóvló : adj.1.ugly 2.nasty 3.naughty
4.dirty

vóvloé/ vóvluí : n.1.mischief 2.trick
3.slyness 4.roguery

vòvò : n.1.free-time 2.spare-time
3.liberty/ n.1.liberation 2.independence

vòvò : adj.1.separate 2.distinct
3.different

vòvò ná : v.1.release 2.liberate 3.free

vóvó : n.1.decay 2.corruption
3.rottenness

vóvó : v.to decay 2.be rotten

vòvòyì : n.leisure time

vòvònáná : n.1.liberation 2.release
3.discharge

vòvòòvò : adv.1.separately 2.apart

vòvòvò : adj.1.different 2.various
3.unlike 4.diverse

vɔ̀: v.to finish

vɔ̀: adv.1.already 2.previously 3.nearly
4.almost

vɔ̀ kò : conj.after

vɔ̌ : n.1.earthworm

---

vɔ́ : v.1.to be afraid 2.to be scared 3.to
be timid

vɔ́ : n.1.wrong 2.harm 3.evil 4.hurt

vɔ́ : adj.1.ill 2.bad 3.wicked

vɔ́ lè.....ŋú/tà : v.to mistrust 2.to be
distrustful

vɔ́ ná.....fifi : v.to mistrust 2.to be
distrustful

vɔ́ɖì : adj.1.wicked 2.cruel 3.terrible
4.odious

vɔ́ɖì : v.1.to be wicked 2.be cruel 3.be
odious 4.be terrible

vɔ̀ɖìvɔ́ɖí : n.1.wickedness 2.malice

vɔ̌kluì : n.1.worm 2.maggot
3.roundworm 4.thread worm
5.earthworm

vɔ̀sá : n.sacrifice

vɔ̀sámlékpuí : n.1.altar 2.aisle

vɔ̀sásá : n.sacrifice

vɔ̀vɔ́ : n.1.fear 2.fright 3.dread 4.terror
5.panic

vɔ̀vɔ̀lì : n.1.shadow 2.silhouette
3.outline

vɔ̀vɔ́nátɔ́ : n.1.fearful person 2.timid
person

vɔ̀vɔ́núwɔ̀wɔ̀: n.cowardice

vù : v.1.shoot 2.extract 3.fire 4.extricate
5.pull

vù blá : v.1.twist 2.tangle 3.twine

vù dà : v.to comb the hair

vú : v.to rip

vúdó : n.well

vúdóɖèɖè : n.1.drilling 2.boring

vùvlú : n.1.deployment 2.progress
3.running 4.development

vùvɔ̀: n.1.cold 2.chill

vùvɔ̀mèwù : n.1.vest 2.waistcoat

vùvɔ̀wù : n.1.sweater 2.pullover

vúvú....kéŋ (kéŋ) : v.1.devour
2.consume/ v.1.tear up 2.tear apart

U̱

ʋà : v.1.tremble 2.shiver 3.shake 4.move 5.make a movement

ʋà ŋù : v.to be jealous 2.be envious

ʋá̌ : v.1.ferment 2.brew

ʋǎlùlǔ : n.1.precipitation 2.haste 3.hastiness

ʋànyà.....ɖókuí : v.1.gesticulate 2.wave

ʋànyà lǎmè : v.1.relax 2.unwind 3.unbend 4.refresh

ʋàʋà : n.1.movement 2.trembling 3.stirring

ʋàʋá̌ : n.fermentation

ʋáʋǎ : n.wasp

ʋàʋàlî : n.bumble bee

ʋè : v.1.miss 2.fail

ʋè wú : v.to be smaller than

ʋě : v.1.to have an odor 2.to have a bad smell

ʋé nyuié : v.1.to smell good 2.be fragrant

ʋé....sè : v.1.to snort 2.to sniff

ʋèdzí : n.1.thunderstorm 2.storm

ʋètsúví : n.locust 2.grasshopper

ʋèʋè : n.1.decrease 2.reduction 3.diminution

ʋèʋé : n.1.odor 2.smell 3.scent

ʋèʋésèsèŋútété : n.1.smell 2.sense of smell

ʋìʋlì : n.1.fight 2.struggle

ʋlà : v.1.excite 2.arouse 3.rouse

ʋlì : v.1.contest 2.fight 3.contend 4.struggle

ʋlì ɖókuì tà : v.to defend oneself

ʋlì (.....) tà : v.1.defend 2.plead 3.advocate

ʋlò : n.mushroom

ʋlóʋló : adj.1.lukewarm 2.tepid

ʋlú : v.1.ruffle 2.puff

ʋlú àdzà (làmèkàwó) : v.to be nervous

ʋlùʋlù : ad.1.tepid 2.lukewarm

ʋɔ̀: n.door/ n.python

ʋɔ̀nù : n.1.court 2.tribunal 3.courthouse 4.judgment

ʋɔ̀nùdɔ́drɔ́ : n.1.judgment 2.trial 3.ruling 4.decision

ʋɔ̀nùdrɔ́há : n.1.jury 2.panel 3.board of examiners

ʋɔ̀nùdrɔ́lá : n.judge 2.magistrate

ʋɔ̀trú : n.1.door 2.gate 3.hatch 4.gate way 4.door way

ʋɔ̀trúmègbégà : n.hinge

ʋɔ̀trúví : n.1.gate 2.wicket 3.window 4.counter 5.barrier

ʋù : v.1.open 2.unlock 3.uncork/ v.1.swirl 2.whirl 3.flutter/ v.smell good

ʋù : n.1.blood 2.bloodstream/ n.bellows

ʋù (ŋùdɔ̀) : v.to make hot 2.to be hot

ʋù ɖó tà : v.emigrate 2.migrate

ʋù émè : v.1.confess 2.admit 3.acknowledge

ʋù gbàgbà : n.car wreck

ʋù nù : v.1.debouch 2.uncork 3.unblock

ʋù núvɔ̃ mè : v.to confess

ʋù ŋkú ná : v.to civilize

ʋù vá : v.to immigrate

ʋù yì : v.to migrate 2.exile

ʋù nú lè...nù : v.uncap

ʋù.....xɛ́ɛ : v.to be ajar

ʋǔ : n.drum/ n.1.vehicle 2.car 2.taxi 3.automobile/ n.body

ʋùblì : n.flange

ʋùdúʋùduí : n.1.whirlwind 2.vortex 3.swirl

ʋǔdzèfé : n.1.station 2.train station 3.railway station

ʋǔdzìkà : n.artery

ʋǔdzràɖófé : n.garage

ʋǔdzràɖólá : n.mechanic

ʋǔɖóɖó : n.1.boarding 2.shipping

ʋǔɖólá : n.passenger

ʋǔɖòmè : n.neck 2.nape

ʋùɖùɖù : n.hemorrhage 2.bleeding

ʋǔfú : n.n.fluff 2.duvet

ʋùfé : n.opening

ʋǔfó : n.1.board 2.plate 3.plank 4.shelf

ʋǔfóbáblá : n.plywood

ʊ̌fòfé : n.place where one plays the drums

ʊ̌fòhá : n.orchestra

ʊùfú : n.1.fluff 2.duvet

ʊùkà : n.1.blood vessel 2.vein 3.artery

ʊùkàví/ ʊùkàyɔ̀è : n.blood vessel

ʊ̌kùkù : n.1.steering 2.pilotage 3.steerage

ʊ̌kùlá : n.1.chauffeur 2.pilot 3.driver

ʊ̌kùsùkù : n.driving-school

ʊùkpé : n.horn 2.hooter

ʊùlɛ̀ : n.fresh flesh

ʊ̌mè : n.1.neck 2.nape

ʊ̌mɔ́ : n.1.roadway 2.carriageway 3.pavement

ʊùnáná : n.blood collect

ʊùnyàʊùnyà : n.1.fight 2.brawl 3.rush 4.crush 5.hustle 7.hurly-burly

ʊùnyàʊùnyàwɔlá : n.1.protester 2.troublemaker

ʊ̌tà : n.locomotive 2.engine

ʊ̌tí : n.kapok tree

ʊùtótó : n.bleeding

ʊutɔfé : n.1.car park 2.parking lot

ʊ̌vádùbúmètɔ́ : n.passengers on boat

ʊ̌ví : n.car

ʊùʊlù : n.echo

ʊùʊù : n.1.exodus/ n.dust

ʊùʊú : n.1.trembling 2.shaking 3.shock 4.jolt 5.backlash

ʊúʊú: v.1.tremble 2.shiver 3.shake 4.stir 5.rock 7.stagger 8.totter

ʊúʊúdédí : n.dust

ʊùʊùválá : n.1.immigrant 2.migrant

ʊùʊúʊú : n.1.movement 2.motion 3.tremor 4.shaking 6.shivering 7.grogginess

ʊùʊúúʊú : adv.1.tremblingly 2.unsteadily

ʊ̌xɔ̀ : n.1.wagon 2.coach

W

wáin : n.wine

wìskí : n.whiskey

wlɔví : n.chain

wluíwluí : n.crumb 2.debris 3.remains 3.fragments 4.wreckage

wò : v.1.sparkle 2.fizzle 3.fizz 4.crackle

wò : n.you (plural)

wò/ wǒ : n.your (personal pronoun)

wò : personal pron.1.he 2.she 3.it

wò : possessive pron. Your

wò...a/ lá : possessive pron. Your 2.yours

wò...wó, wò...àwó : possessive pron. Your

wó : v.1.bark 2.woof 3.yowl/ v.1.burst 2.erupt 3.explode 4.crack

wó : personal pron.1.they 2.them

wó : personal pron.1.their 2.them

wó : pron.1.they 2.those

wó : prep.1.of the 2.from

wó àvǐ : v.burst into tears

wó àvǐ hèhèhè : v.burst into tears

wó ɖókuǐwó : reflexive pron.1.himself 2.herself 3.themselves

wó fé : prep.1.of 2.from 3.by

wó nɔèwó : reflexive pron.themselves

wó....wó : pron.their

wòàlɛ : n.afternoon

wóáwó : pron.1.they 2.them 3.those

wóbé/ wóbéwóbé : n.1.rumor 2.hearsay 3.murmur

wódzó : v.simplify 2.oversimplify

wódzoé : adj.1.lightweight 2.mild 3.flexible

wódzoénɔnɔ : n.1.flexibility 2.versatility 3.smoothness

woé : pron.1.them 2.they

wófé : pron.1.their 2.them

wófé...wó : pron.1.their 2.them

wòwó : n.1.barking 2.cry/ n.1.burst 2.explosion

wòwó : pron.your

wòxí : n.1.umbrella 2.parasol

wɔ̀: v.1.to make 2.fabricate 3.prepare 4.accomplish 5.fashion 6.construct 7.produce/v.1.mimic 2.gesture

wɔ̀(bé) : v.return 2.restore

wɔ̀: n.flour

wɔ̀ (fífiá) : v.be very hot

wɔ̀(vùvɔ̀) : v.be very cold

wɔ̀ àbé (ḍe)....èné : v.1.seem 2.to make it seem 3.appear

wɔ̀ àdè : v.be sticky

wɔ̀ àfé: v.disgust 2.cause disgust

wɔ̀ àfémèdɔ́ : v.to do housework

wɔ̀ àmè : v.to be kind

wɔ̀ àŋɔ̀zùnú : v.to pretend

wɔ̀ àsì ná : v.1.develop 2.appreciate 3.valorize

wɔ̀ àsínùkpɔ́kpɔ́ ŋú dɔ́ : v.1.enjoy 2.avail 3.gain

wɔ̀ àtɔ̀: v.1.nest 2.hang out 3.doss

wɔ̀ àvìnú : v.1.whimper 2.snivel 3.wail

wɔ̀ àʋà : v.1.make war 2.fight 3.combat 4.oppose

wɔ̀ àyè : v.to pretend

wɔ̀ àyèmènú : v.be sneaky

wɔ̀ bà : v.be muddy

wɔ̀ dɔ̌ : v.1.work 2.function 3.operate/ v.1.influence 2.impact

wɔ̀ dɔ̌ ḍé......dzí : v.1.impress 2.to be sensitive 3.to be moved

wɔ̀ dɔ̌ lè dɔ̀mè : v.to digest

wɔ̀ dɔ̌ lè....ŋú : v.1.to work on something

wɔ̀ dɔ̀dɔé : v.to do shopping

wɔ̀ dɔ̀mènyó ná : v.1.give preferential treatment 2.carry favor

wɔ̀ dzrè : v.1.to quarrel 2.to argue 3.have a dispute

wɔ̀ dzùdzɔ̀: v.to evaporate

wɔ̀ ḍé....kò dzí : v.1.respect 2.abide by 3.observe

wɔ̀ ḍé....nù : v.1.conform 2.comply

wɔ ɖéká : v.1.unite 2.cooperate 3.reconcile 4.to join

wɔ ɖéká kplé : v.1.link 2.connect 3.tie up

wɔ dèvínú : v.having a childish behavior

wɔ ɖòɖó : v.1.to organize 2.program

wɔ fù/ wɔ fùnyá/ wɔ fùnyáfùnyá : v.to torture 2.torment

wɔ gìdìgìdì : v.be turbulent

wɔ gbòdògbòdò : v.be turbulent

wɔ ɣèɣíɣwó : v.1.stay 2.sojourn

wɔ kàmètètè ɟé núsɔsrɔ́ : v.to train / practice in sport

wɔ kɔkɔè : v.1.purify 2.cleanse 3.clean 4.filter 5.exorcise

wɔ kɔnú ná : v.initiate

wɔ kúviá : v.1.be lazy 2.be idle

wɔ kpé : v.be rocky

wɔ lèkè : v.be stylish

wɔ lɔlɔ̃ : v.make love

wɔ náné : v.react 2.respond

wɔ nú : v.1.to act 2.proceed 3.deal

wɔ nú ɖé ɖòɖó nù : v.be methodical

wɔ núblánuí : v.1.make pity 2.make miserable 3.make sad

wɔ núblánuí ná : v.1.sadden 2.depress 3.cast a gloom over

wɔ nùkú : v.1.be surprising 2.be astonishing 3.be confused/ v.1.to be touched 2.to marvel/ v.to amaze

wɔ núnyàyàdɔ́ : v.to do the laundry

wɔ nútèɟé : v.1.to be serious

wɔ nú véví (àmè) : v.assault

wɔ ŋèŋlě : v.make a notch

wɔ ŋɔlìŋɔlì : v.1.squirm 2.wiggle 3.wriggle 4.writhe

wɔ ŋùblè : v.1.neglect 2.overlook 3.disregard

wɔ ŋúdɔ́: v.1.use 2.employ 3.utilize 4.involve

wɔ súsú (bé) : v.1.consider 2.projecting 3.take the initiative

wɔ tùkáɖá : v.1.be restless

wɔ tsyɔ́ : v.to organize a funeral

wɔ vĩ ĩ : v.be dull

wɔ wódzoé : v.1.simplify 2.alleviate
3.lighten 4.soften

wɔ wɔwuí : v.1.exaggerate
2.overestimate 3.overdo

wɔ.......fé dɔ : v.ensure the interim of

wɔ.....kpɔ : v.1.to try 2.make an attempt

wɔ.....miá : v.1.stretch 2.tighten
3.tender

wɔ.....nú ná : v.initiate

wɔ.....ŋú dɔ fòfuí : v.1.combine
2.compound 3.concoct 4.scheme

wɔ ŋúdɔ: v.1.handle 2.use 3.maneuver
4.manipulate 5.exploit 6.delight

wɔ.....zù gbàdzàà : v.1.iron out 2.flatten
3.level 4.beat out

wɔ : n.1.flour 2.powder

wɔàdǎ : adj.1.wild 2.rabid

wɔàmè : adj.serious 2.earnest 3.grave

wɔàmètɔ: n.n.1.disabled person
2.cripple

wɔkàlè̌ : adj.1.brave 2.gallant 3.stout
4.courageous 5.valiant

wɔkú : n.grain 2.seed

wɔkpɔ́ : n.1.test 2.trial 3.essay 4.try

wɔlá : n.1.director 2.producer 3.film
maker

wɔnà : n.1.act 2.deed 3.manifestation
4.mores

wɔnú : n.1.use 2.usage 3.practice
4.purpose 5.custom

wɔnùkú : adj.surprising 2.amazing
4.astonishing 5.amazing

wɔnútèfé : adj.serious 2.earnest 3.grave

wɔtí : n.tree

wɔ́tùlá : n.miller

wɔwɔ: n.1.creation 2.fabrication
3.production 4.constitution

wɔwuíwɔwɔ: n.1.exaggeration
2.overstatement

wɔ́xɛ : n.folio

wɔyà : n.1.vacuum 2.void 3.gap 4.space
4.emptiness

wù : v.1.assassinate 2.execute 3.kill
4.finish 5.conclude 6.tear down 7.cut
down 8.massacre 9.murder 10.butcher

wù (dɔ) : v.1.to be hungry 2.feel hungry

wù (tsìkɔ) : v.1.to be thirsty 2.to thirst

wù àdèlà : v.to hunt 2.shoot

wù....d̪ókuí : v.to commit suicide

wú : v.1.exceed 2.surpass 3.overtake/
adv.1.more 2.furthèr/v.1.spread
2.scatter 3.spill

wú àtíkè : v.1.spray 2.pulverize

wú (....)nù : v.1.to finish 2.complete
3.terminate 4.accomplish
5.consummate

wú tsì : v.1.to water 2.spray 3.sprinkle
4.squirt

wuíàdé : n.sixteen

wuíàdré : n.seventeen

wuíàsiékè : n.nineteen

wuíàtɔ́ : n.fifteen

wuíàtɔ́liá : n.fifteenth

wuíd̪èké : n.eleven

wuíd̪èkéliá : n.eleventh

wuíènè : n.fourteen

wuíènèliá : n.fourteenth

wuíènyí : n.eighteen

wuíètɔ̀: n.thirteen

wuíèvè : n.twelve

wùtó : adj.deafening

wùwù : n.execution

X

xà : n.broom

xà : prep.1.near 2.beside 3.close to

xà nú : v.1.to complain 2.to be sad 3.to regret 4.to be sorry

xá : v.1.to bend 2.bow down 3.hook/ v.1.harvest from/v.1.to catch 2.trap 3.corner

xá : n.1.broom 2.brush/n.1.watch 2.carriage 3.blind

xá kó : v.1.yawn 2.gape

xá......ɖókuì : v.1.to bend 2.bow down 3.crumble

xátsá : v.to wind

xàxá : n.1.trouble 2.hassle

xáxá : v.1.trap 2.catch 3.corner

xáxá/ xáxɛ : adj.1.narrow 2.tight 3.close/ n.1.curve 2.bend 3.curl

xè : n.bird

xé : v.1.obstruct 2.block 3.catch/ v.pay 2.refund 3.repay 4.reimburse/ v.1.catch up 2.overtake

xé fè : v.to pay

xé kɔ́ : v.parry a blow

xé mɔ́ (ná) : v.1.to prevent 2.impede 3.hinder 4.to stop

xé tó ná : v.to punish

xéɖédzĭ : n.extra charge

xéɖèɖè : n.vomiting 2.vomit

xéɖùfò : n.eat-mil

xéɖùlɛ̀/ xéɖùʋùlɛ̀ : n.predator

xèfònú : n.predator

xèví : n.bird

xèvínyìlá : n.bird breeder

xéxé : n.1.outside 2.earth 3.domain

xéxéámè : n.nature 2.temperament

xéxémè : n.1.universe 2.world 3.earth

xèxi : n.umbrella 2.parasol

xèxlě : n.1.account 2.reckoning 3.recitation 4.lecture

xèxlěmè : n.1.number 2.amount 3.figure

xlá : n.round 2.patrol

xláfòfò : n.1.tower 2.turn 3.periphery 4.perimeter

xláfòlá : n.unholy

xlɛ̌ : v.1.read 2.count 3.decipher 4.enumerate 5.recite

xlɛ̌ fiá : v.tell

xlɛ̌ nyà (tsó ŋú): v.to do a presentation

xlɛ̌ nyà (fiá) : v.to do a report

xlɛ̌....ŋlɔ̀: v.1.inventory 2.make a census

xlɛ̀lá : n.1.reader 2.lector

xlɔ́ : v.1.roar 2.bellow 3.neigh 4.bleat 5.trumpet 6.croak

xlɔ́ nú : v.1.advise 2.counsel 3.recommend 4.make a recommendation

xó : adv.1.already 2.previously

xóxó : adj.1.old 2.ancient 3.aged

xɔ̀: v.1.welcome 2.host 3.receive 4.accredit 5.take 6.hire/ v.1.to host 3.to be worth/v.1.invade 2.overrun 3.submerge/ v.1.contain 2.restrain

xɔ̀: n.1.building 2.construction 3.edifice 4.house 5.home 6.room

xɔ̀ (kpé) : v.being rocky

xɔ̀ àbì : v.to be hurt 2.to be wounded

xɔ̀ àblòdè : v.to be independent

xɔ̀ àdzɔ̀ dé......tà : v.to tax

xɔ̀ àsì : v.1.to cost 2.to be expensive 3.to have value 4.to be precious

xɔ̀ dzìgbɔ̀dí : v.1.to calm down 2.to subside 3.settle down 4.cool down

xɔ̀ dzò : v.to be hot

xɔ̀ dzò (yàmè) : v.to make hot

xɔ̀ dzò sùsúmè : v.to overwork 2.strain

xɔ̀ dzò àkpá : v.overheat

xɔ̀ dàgbì : n.studio 2.studio flat

xɔ̀ fé tàmè : n.roofing

xɔ̀ fòdí : n.slum 2.hovel

xɔ̀ gà : v.to collect money

xɔ̀ gbàgbà : n.1.slum 2.hovel

xɔ̀ kòmúnyɔ̀: v.communicate

xɔ̀ làmè ná : v.captivate

xɔ̀ lánú lè.....sí : v.disarm

xɔ̀ ná : v.1.to rescue 2.relieve

xɔ̀ nó lè.....sí : v.wean

xɔ̀ núkùkluíwó dzí sè : v.to be superstitious

xɔ̀ núnáná : v.to be rewarded

xɔ̀ núnyá : v.to be gifted

xɔ̀ núwó lé......sí : v.1.rob 2.strip 3.raid 4.rip off

xɔ̀ ŋ̀gɔ̀yìyìxɔ̀xɔ̀ : v.to specialize

xɔ̀ ŋ́kɔ́ : v.1.be renamed 2.to be well-known

xɔ̀(......)sè : v.1.imagine 2.believe 3.consider 4.feel

xɔ̀ suè : n.small house

xɔ̀ tùtùɖó : v.to have an internship

xɔ̀.....bé kpɔ́ dzí : v.1.adopt 2.take up

xɔ̀....dzí sè : v.believe 2.think 3.imagine

xɔ̀....ɖé àgbè : v.1.save 2.rescue 3.redeem 4.salvage

xɔ̀....ɖí : v.1.keep 2.maintain 3.hold 4.guard

xɔ̀....ƒé ákpó (lầmè) :v.to immunize against

xɔ̀......gbɔ̀: v.1.recover 2.retrieve 3.collect

xɔ̀......mè : v.1.infest 2.overrun 3.ensure the interim of

xɔ̀......wɔ̀........ɖókuìtɔ̀: v.1.to appropriate 2.assume

xɔ́ : n.friend 2.chum

xɔ̀dɔ́mè : n.1.bedroom 2.dormitory

xɔ̀fè : n.rent 2.rental rate

xɔ̀gẫ : n.1.lobby 2.lounge 3.foyer 4.hall

xɔ̀gbágànú : n.1.sheet metal 2.tole 3.clinker 4.slammer

xɔ̀gbálá : n.carpenter

xɔ̀gbátí : n.beam 2.timber

xɔ̀háyátɔ́ : n.1.tenant 2.occupant

xɔ̀lèàmèŋú : adj.contagious

xɔ́lɔ̃̀: n.1.friend 2.chum

xɔ́lɔ̃̀wɔ̀wɔ̀ : n.1.friendship 2.fellowship

xɔ̀mè : n.1.room 2.chamber

xɔ̀mènú : n.furniture 2.furnishing

xɔ̀mènúwó : n.1.furniture 2.suite

xɔ̀mènygbávɔ́: n.1.carpet 2.mat

xɔmèŋíní : n.gecko

xɔmètré : n.gecko

xɔmì : n.carpenter

xɔmɔnù/ xɔmɔnùkpé : n.terrace(in front of the house)

xɔnámè : n.1.rescue 2.relief 3.help

xɔnámètɔ: n.1.rescuer 2.savior

xɔnɔmè :n.1.housing 2.accommodation 3.lodging

xɔnùdzɔlá : n.1.guardian 2.custodian 3.caretaker 4.warden

xɔŋkɔ: adj.famous

xɔsè : n.1.faith 2.belief

xɔsèhá : n.church

xɔsètàkúkúlá : n.martyr

xɔtà : n.1.roof 2.rooftop

xɔtí : n.1.pinion 2.gearwheel 3.side wall 4.beam 5.timber

xɔtɔ : n.1.owner 2.landlord 3.landlady 4.proprietor 5.proprietress 6.house owner

xɔtùtù : n.building construction

xɔvá : n.1.destiny 2.fate 3.doom 4.fortune

xɔví : n.1.hut 2.cabin 3.shack 4.shed/n.1.guinea pig

xɔxlɔ̃ :n.1.whinny 2.neigh 3.croaking 4.bleating

xɔxɔ: n.1.taking 2.intake 3.obtaining 4.procurement

xɔxɔ ɖé àmè : n.rescue 2.salvage 3.saving

xɔxɔɖélàmè :n.1.inspiration 2.captivation

xɔxɔnù : n.1.court 2.yard 3.terrace

Y

yà : v.1.chop 2.mince 3.chaff 4.ax 5.hash

yà : n.1.air 2.gas 3.current 4.wind 5.vacuum 6.void

yá : prep.1.as to 2.regarding 3.with respect to 5.with regard to 6.as regards

yàà : adj.1.bland 2.tasteless 3.insipid 4.watery 5.savorless

yàfámɔ̀ : n.air-conditioner

yàfòfò : n.1.breath 2.breathing 3.blow 4.blast

yàgbɔ̀nú : n.1.fan 2.ventilator

yàkàyàkɛ́ : n.couscous

yàlí : n.1.whirlwind 2.swirl 3.vortex

yàmè : n.1.climate 2.weather 3.sky

yàmèmɔ́zɔ̀lá : n.1.cosmonaut 2.spaceman

yàmèʋú : n.airplane 2.craft 3.plane

yàmèʋúdzèfé : n.air field

yàmèʋúkùlá : n.pilot

yàtsì : n.1.storm 2.thunder 3.foul wind

yàtsìgǎ : n.1.thunderstorm 2.tempest 3.squall

yàvɔ́ : n.wind 2.gas

yáwóɖá/ yáwóɖágbè : n. Thursday

yàxɔ̀yì : n.1.break 2.recess 3.playtime

yàyrá : n.1.blessing 2.benediction

yáyrá : adj.blessed

yè : pron.1.he 2.it 3.his 4.her

yè : personal pron.1.me 2.myself

yé : personal pron.1.him 2.her

yé : particle focal.n. Is that.....

yé ŋútɔ́ : personal pron.1.himself 2.herself 3.itself/ adv.personally

Yèsù : n. Jesus

Yèsùdzìgbè : n. Christmas

yèvú : n.white person

yèvúbóló : n.bread

yèvúkpákpá : n.goose

yèvúkpɔ́nɔ́ : n.bread

yèvúnè : n.coconut

yèvúnètí : n.coconut tree

yèvútè : n.potato

yèvúwódè : n. Abroad

yèwó : pron.1.they 2.those

yéyě : adj.1.new 2.modern 3.unused

yèyé : n.1.novelty 2.newness 3.new things

yɛ́tɛ̀ : n.heart (card)

yì : v.1.to go/ v.1.to grill/v.1.to present oneself

yì (yèyíyì) : v.be late

yì àfɔdzí : v.to go to the washroom

yì (....) dzǐ : v.1.increase 2.raise/ v.1.continue 2.persist

yì ɖé....tàmè : v.to climb

yì ɖó ɖé....ǹgɔ̀: v.to fall back

yì gbědzí : v.to exile 2.to venture

yì mɔ́ bú dzí : v.1.twist 2.disconnect

yì númètótó : v.to explore

yì ǹgɔ̀: v.1.to improve 2.polish 3.progress 4.make perfect

yì ŋgɔ̀dèdètùtùɖóxɔ̀fé : v.to specialize

yì ŋkèkè bǔ dzí : v.1.postpone 2.defer 3.carry forward 4.bring forward

yì sɔ̀lèmè : v.1.go to mass 2.go to church

yì tó : v.1.to plunge 2.sink 3.thrust 4.press in 5.capsize

yì tsà ŋkú lè....mè/ dzí : v.to explore

yì tù : v.1.to rejoin 2.meet 3.overtake

yì....dzí : v.1.get to 2.accede to

yì....gé kloé : v.to risk

yì...wɔ̀ : v.to resort

yí : n.1.machete 2.sword

yìbɔ̀ : adj.1.black 2.dark

yìbɔ̀èfé (ŋkú fé) : n.pupil of the eye

yìɖɔ̀: n.spider web 2.cobweb

yìkà : n.spider web 2.cobweb

yìtí : n.flamboyant

yìyì : n.spider/ n.1.passage 2.crossing 3.transfer

yìyìɖɔ̀: n.spider web 2.cobweb

yìyìmè : n.1.pace 2.rhythm 3.beat

yòmènɔlá : n.successor

yòmènɔ̀nɔ̀: n.succession

yòmètítí : n.1.prosecution 2.pursuit 3.pursuance 4.persecution

yòmètɔ̀ : n.junior

yòmètɔ́: n.successor

yòò : n.thank you 2.thank

yòvóvítí : n.flamboyant tree

yɔ̀ : n.grave 2.tomb/ n.louse

yɔ̀: v.1.smoke/ v.cure/ v.peck

yɔ̀ dzùdzɔ̀ : v.to smoke

yɔ̀ dɔ̀: v.to cure

yɔ̀ mò : v.to frown 2.scowl

yɔ̀ ŋkúmè : v.to frown 2.scowl

yɔ̀ sìgá/ sìgarɛ́tì : v.to smoke cigarette

yɔ́ : v.1.to call 2.invoke 3.proclaim 4.pronounce/ v.1.to be full 2.fill out

yɔ́ (bé) : v.to name

yɔ́ gǒ gbàgbà : v.1.overwhelm 2.submerge 3.swamp 4.flood

yɔ́ kplé : v.1.to be full 2.to be covered

yɔ́ kplé ké : v.to cover in sand

yɔ́ nú émè né dè/ yɔ́ nú né émè kɔ̀: v.1.articulate 2.enunciate

yɔ́ ŋkɔ́ : v.to point

yɔ́ táŋ: v.1.be filled 2.be thronged

yɔ̀ : n.1.tomb 2.grave

yɔ̀dò :n.1.tomb 2.grave

yɔ́kú : n.shea fruit

yɔ̀lá : n.smoker

yɔ̀mèkpé : n.tuberculosis

yɔ̀mèkpétɔ́ : n.tuberculosis patient

yɔ́tí : n.shea tree

yɔ̌xɔ̀mè : n.1.forge 2.wrought

yɔ̀yɔ́ : n.1.invocation 2.appellation/ n.1.filling

yrá : v.to bless

yrɔ̀ : v.1.to wither 2.fade 3.wilt

Yúdàtɔ́ : n. Jew

yùnìvésìtì : n. University

Z

zà : v.to be smart

zá : v.1.use 2.employ 3.spend 4.use up/ v.1.to be active 2.be clever/ v.to be seasoned

zà : n.1.night 2.night time 3.darkness

zá : n.nocturne

zá àtíkè : v.to follow treatment

zà gà wuíèvè : n.midnight

zá....dókuí : v.1.to use oneself

zà dódó : n.nightfall

zà dzɔ̀lá : n.watchman

zá diálá : n.watchman

zánúvɔ̀ɛ́ : n. ant magnan

zàzá : n.1.use 2.usage 3.purpose 4.practice/ n.1.skill 2.art 3.cleverness

zě : n.1.pot 2.vase 3.canary

zèkpὲ : n.1.stem 2.stalk 3.spindle 4.standard

zě mèlá : n.potter

zě mèmè : n.pottery

zě mèmèdɔ́ : n.art pottery

zě ví : n.canary

zì : n.1.noise 2.sound 3.clatter/ n.1.time/ n.1.gazelle

zì : v.1.to reign 2.prevail 3.predominate

zì àlésì : adv.1.every time 2.whenever

zì dèká : adv.1.at a time 2.together 3.at the same time

zì dòduì : v.1.to be silent 2.to be calm 3.to be quiet

zì kpí : v.to be quiet

zì nùfòfó : v.to be quiet

zĭ : n.pipe 2.wine cask

zí : v.1.support 2.press 3.back up 4.compress 3.squeeze 4.encrust

zí dzì : v.1.require 2.demand 3.insist
4.claim 5.call for 6.need

zì....dzí : v.1.force 2.oblige 3.push
4.insist 5.influence/ v.1confiscate
2.seize

zí....dzí dɔ́...gbɔ̀ : v.1.violate 2.rape
3.breach 4.infringe

zí...ɖé fòdò mè : v.1.engrave 2.carve
3.inscribe

zíbrà : n.zebra

zìɖòɖuì : adj.1.quiet 2.noiseless
3.soundless 4.discreet

zìkpuì : n.1.chair 2.seat 3.stool 4.bench

zìmànáè/ zìmànámànáè/zìmànátɔè :
adv.silently

zìnáná : n.1.turbulence 2.riptide
3.noisiness

zìnyènyè : n.invasion

zíŋgì : n.sheet metal 2.clink 3.slammer

zìɔ́ (ɖé....ŋú) : v.to lean on 2.rest on

zìɔ̌ɖéŋú/ zìɔ̌ɖéŋúí : n.1.guardian 2.tutor
3.support

zìtɔ́tɔ́ : n.1.noise 2.chaos 3.hurly-burly

zǐwɔ̀lá : n.rowdy

zízí : v.1.revive 2.rekindle 3.reanimate

zòbó : n.elephantiasis

zògbɔ́ : n.porridge 2.gruel 3.mush

zòdódó: v. to reprimand 2. to condemn
3. to rebuke

zɔ̀ : n.jar

zɔ̀ : v.walk 2.pass 3.browse 4.run
through

zɔ̀ àzɔ̀lì : v.to walk 2.to approach

zɔ̀ kplé dù : v.1.to rush 2.scramble
3.hurl

zɔ̀ lìlì....nɔ̀èwó ŋútí : v.to clash

zɔ̀ mɔ́ : v.1.to travel 2.make a tour

zɔ̀ tɔ̀dzímɔ́ : v.to navigate

zɔ̀ yì ŋgɔ̀ : v.1.advance 2.move forward
3.to progress

zɔ̀ mègbé : v.retreat 2.move back 3.step
back 4.recoil

zɔ̀.....gɔ̀mè : v.1.to betray 2.give away
3.sell out 4.go against 5.double cross

zɔ̀.....ŋú : v.1.to follow 2.go along/
v.1.brush

zɔ̀ɖèɖè : n.locomotion

zɔ̀hé: n.1.friend 2.buddy 3.companion

zɔ̀lì : n.ringworm

zɔ̀zìɔ̀ : n.1.support 2.rest 3.backing
4.endorsement

zɔ̀zɔ̀: n.1.parade 2.march 3.walk

zɔ̀zɔ̀mè : n.pace 2.rhythm 3.tempo

zrɔ̂ : v.be smooth 2.polish 3.refine
4.burnish 5.to level 6.equalize

zù : v.to become 2.to grow to become

zù dzùdzɔ̀ : v.to evaporate

zù fù : v.to become skeletal

zù kpé : v.to freeze 2.solidify 3.frost

zù : n.1.hammer 2.gavel 3.mace

zǔkpé : n.anvil

Bibliography

Agbozo, G. E. (2015). Language Choice in Ghanaian Classrooms; Linguistic Realities and Perceptions.

Dotse, D. A. (2011). THE ORIGINS AND BRIEF HISTORY OF THE EWE PEOPLE.

Essizewa, K. E. (2014). Lexical insertions in Kabiye-Ewe . *International Journal of Bilingualism*, 2.

Ewe Pronounciation. (2011). In U. P. Corps.

Grammaire eʋe. (1997). In K. Fiaga.

Joshua Project. (n.d.). Retrieved from https://joshuaproject.net/people_groups/11169

Omniglot. (n.d.). Retrieved from http://www.omniglot.com/writing/ewe.htm

Peace Corps EWE O.P.L. WORKBOOK (Oral Proficiency Learning) Course. (2011). In U. P. Corps.

Petit manuel pour apprendre La langue Éwé. (n.d.). Retrieved from www.vdb-artiste.com/_docs/Langue_EWE.doc.

Rongier, J. (1995). *Dictionnaire français-éwé: suivi d'un index français-éwé*.

Service, G. S. (2012). *Population and Housing Census 2010*.

Simpson, A. (2008). *Language and National Identity in Africa p. 143*. Oxford University Press.

Warbuton, I., Kpotufe, P., & Glover, R. (2008). Ewe Basic Course.

Made in the USA
Monee, IL
11 May 2022